맥체인 1년 1독 성경읽기

맥체인 통독 맥잡기(1)

김홍양 지음

신교횃불
ccm2u.com

맥체인 1년 1독 성경읽기

맥체인 통독 맥잡기(1)

차 례

1장 | 맥체인성경읽기 가이드

CONTENTS

2장 | 맥체인 통독 맥잡기 가이드

3장 | 부록

1장 맥체인성경읽기 가이드

맥체인 1년 1독 성경읽기
맥체인 통독 맥잡기

1. 로버트 머리 맥체인(Robert Murray M'Cheyne) 목사는?

19세기 스코틀랜드 역사에서 가장 경건한 목회자로 꼽히는 로버트 머리 맥체인은 1813년 5월 21일 스코틀랜드 에든버러 더블린 가에서 5남매 중 막내로 태어났습니다. 에든버러 대학교에서 수학하여 23세에 목사 안수를 받고, 1835년부터 1838년까지 라버트 교구와 두니페이스 교구에서 존 보나(John Bonar)의 조수로 섬겼습니다. 그 뒤, 던디의 성 베드로 교회에서 하나님과 모든 영혼을 사랑하는 목사로 섬기다 1843년 3월 25일, 29세의 짧은 나이에 발진티푸스로 하늘의 부르심을 받았습니다.

맥체인은 시인이기도 했으며, 많은 저서를 남겼습니다. 그는 신앙심이 깊은 사람이었으며 기도의 사람이었습니다. 맥체인의 경건한 삶과 사역의 결과물들은 맥체인의 벗이 낸 회고록이나 후대 믿음의 후배들이 내는 전기를 통해 전해지고 있습니다. 이처럼 이 땅에서 맥체인의 삶은 짧았을지라도, 맥체인이 뜨겁게 전했던 그리스도에게로 초대하는 구원의 외침은 아직도 살아서 널리 울려 퍼지고 있습니다.

① 1836년, 스코틀랜드 성베드로교회 로버트 머레이 맥체인목사가 성경읽기표를 만듦 (14세 때 애든버러대학에서 고전문학을 공부. 형의 죽음으로 신앙과 말씀에 집중. 성도를 위해 성경읽기표를 만듦)

② 80세 노인의 고백,"내 평생에 가장 행복한 나날을 보내고 있습니다"

③ 영향받은 목회자: 마틴 로이드존스(54년간 사용), 존 스토트, 신대현, 정현기

④ 1813년~1843년

⑤ 경건한 목회자, 성실한 목회자, 현명한 목회자

⑥ 주변에 있는 훌륭한 목회자에게 조언을 듣는 목회자

⑦ 선교사업에 지대한 관심을 갖은 목회자

⑧ 유대인 선교를 위해 바울처럼 유럽과 팔레스타인을 오랫 방문한 목회자

⑨ 서정적이고 시적인 재능

⑩ 자비롭고 쾌활한 성품

시대순이 아닌 내용을 중심으로 하는 통독성경이다.

구약 1회, 시편 2회, 신약 2회를 통독하는 성경이다.

각자 다른 성경책(장)의 배경 속에서 문학적 배경을 파악한다.

다른 성경과 통독하는 방법이 다를 뿐이지 이 성경책이 절대적인 것은 아니다.

2. 맥체인 성경읽기란?

맥체인 성경읽기표는 1842년 맥체인이 자신이 목양하던 성 베드로 교회 성도들의 영적 성장을 위해 개발한 것으로, 매일 구약과 신약을 각각 2장씩 읽음으로써 1년에 구약 1회, 신약과 시편을 각 2회 정독할 수 있도록 만든 표입니다.

이와 같은 맥체인의 방법에 따라 신구약 성경 전체를 골고루 4등분해서 동시에 읽으면, 성경에 기록된 장구한 구속사를 크게 네 시대로 나누어 동시에 묵상할 수 있습니다.

각각의 시대마다 하나님께서는 하나님이 세우신 사람들과 언약을 맺으셨고, 그 언약을 완성하셨습니다. 그리고 이 시대들은 서로 씨줄과 날줄이 되어 하나님의 구속사를 완성하는 완벽한 하모니를 이루고 있습니다.

때로는 시대별로, 때로는 거시적인 안목에서 구속사 전체를 한 번에 아우르게 합니다. 그렇기에 남녀노소, 교회의 직분을 무론하고, 누구나 맥체인 성경읽기표를 따라 성경을 읽으면, 성경에 대한 명쾌한 이해와 함께 하나님께서 감춰두신 구속의 보화를 찾는 기쁨을 누릴 수 있습니다.

또한 이를 통해 성경의 맥을 보다 쉽게 잡을 수 있습니다. 이렇게 하나님의 계시 목적에 평행선을 그으며 따라가는 것은 맥체인 성경읽기표만의 독특한 방식입니다.

성경을 읽다가 중간에 빠뜨린 부분이 있더라도 포기하지 말고, 그날의 날짜에 맞추어 읽는 것이 좋습니다. 이런 습관은 해가 거듭되더라도 반복적으로 성경을 통독할 수 있게 해 주기 때문입니다. 개인적으로 읽을 때는 아침, 저녁으로 나누어 읽으셔도 됩니다. 각자의 방법대로 성경을 읽으면 됩니다.

> "또 어려서부터 성경을 알았나니 성경은 능히 너로 하여금 그리스도 예수 안에 있는 믿음으로 말미암아 구원에 이르는 지혜가 있게 하느니라 모든 성경은 하나님의 감동으로 된 것으로 교훈과 책망과 바르게 함과 의로 교육하기에 유익하니 이는 하나님의 사람으로 온전하게 하며 모든 선한 일을 행할 능력을 갖추게 하려 함이라" (딤후 3:15-17).

3. 맥체인 목사가 직접 이야기하는 맥체인 성경읽기

맥체인 목사는 1842년 12월 30일 송구영신 예배 시간에 자신의 교회 교인들에게 맥체인 성경읽기표에 대해서 다음과 같이 설명해주었습니다. 맥체인 목사가 직접 이야기하는 맥체인 성경읽기를 통해 우리는 맥체인 성경읽기에 대해 보다 많은 이해를 할 수 있을 것입니다. (이 설교가 끝난 후 그는 교인들에게 성경읽기표를 나누어 주었습니다.)

[설교 본문: 시편 119편 40절]

"내가 주의 법도들을 사모하였사오니 주의 의로 나를 살아나게 하소서"

사랑하는 성도 여러분, 새해가 다가오니 제 마음 속에 여러분의 구원과 구원받은 분들의 영적 성장에 대한 새로운 열망이 생깁니다.

"내가 예수 그리스도의 심장으로 너희 무리를 얼마나 사모하는지 하나님이 내 증인이시니라" (빌 1:8).

다가오는 새해에는 어떤 일이 일어날지 그 누가 알겠습니까? 모든 선한 사람은 분명이 땅에 다가오는 놀라운 심판의 역사를 예견하며 영혼에 부담감을 느낍니다. 이제 이와 같은 엄숙한 질문을 던져야 할 때입니다.

“만일 네가 보행자와 함께 달려도 피곤하면 어찌 능히 말과 경주하겠느냐 네가 평안한 땅에서는 무사하려니와 요단 강 물이 넘칠 때에는 어찌하겠느냐” (렘 12:5).

자기 자신이나 피조물이 아니라 우리의 의이신 여호와를 의지하는 성도들은 굳게 설 것입니다. 우리가 악한 날에 굳게 서려면 성경 말씀과 은혜의 보좌에 더 집중해야 합니다. 그러면 우리는 다윗처럼 이렇게 말할 수 있을 것입니다.

“교만한 자들이 나를 심히 조롱하였어도 나는 주의 법을 떠나지 아니하였나이다” (시 119:51).

“고관들이 거짓으로 나를 핍박하오나 나의 마음은 주의 말씀만 경외하나이다” (시 119:161).

저는 마음속으로 오랫동안 성경읽기 계획표를 만들 생각을 해 왔습니다. 하나님이 같은 소원을 주신 이들은 다 제 생각에 동의할 것입니다. 그래서 성경 전체를 1년에 한번 통독하고, 모든 성도가 동시에 같은 푸른 초장에서 꼴을 먹을 수 있도록 계획을 짰습니다. 그런데 이 계획에는 다음과 같은 주의해야 할 점이 있습니다.

[주의할 점]

형식으로 읽지 말라

우리는 너무나 연약한 피조물이어서 어떤 의무든 규칙적으로 반복하면 타성적인 형태로 전락하기 쉽습니다. 일정한 규칙에 따라 말씀을 읽는 어떤 사람들에게는 이렇게 형식적인 신앙생활을 낳는 경향이 있습니다. 이것은 말세에 두드러진 죄가 될 것입니다. “경건의 모양은 있으나 경건의 능력은 부인하니 이같은 자들에게서 네가 돌아서라” (딤후 3:5). 이 점을 주의하십시오. 이 읽기표 때문에 여러분의 영혼이 무디어질 것 같으면 차라리 이 표를 없애 버리십시오.

분량 채우는 것으로 만족하지 말라

어떤 이들은 말씀을 읽기 위해 시간을 정하고 정해진 분량을 다 읽고 나면 자기 자신을 만족스런 눈으로 바라보는 유혹에 빠지기가 쉽습니다. 확신컨대 많은 이가 영혼에 아무런 하나님의 역사를 체험하지 못한 채 살아가고 있습니다. 용서받지 못하고, 성화되지도 않고, 멸망을 눈앞에 둔 채 말입니다. 그들은 그러면서도 개인적으로나 가족과 함께 정해진 경건 시간을 보냅니다. 이런 사람은 오른손에 거짓 것을 들고(사 44:20) 지옥으로 향하는 사람입니다.

아무렇게나 건성으로 읽지 말라

하나님의 말씀에 두려워 떠는 사람이 별로 없습니다. 말씀을 읽는 동안에도 위엄으로 가득찬 여호와의 음성을 듣는 이가 별로 없습니다. 이스라엘 백성들은 매일 먹는 만나에 대해 "백성이 하나님과 모세를 향하여 원망하되 어찌하여 우리를 애굽에서 인도해 내어 이 광야에서 죽게 하는가 이 곳에는 먹을 것도 없고 물도 없도다 우리 마음이 이 하찮은 음식을 싫어하노라 하매" (민 21:5)고 불평했습니다. 마찬가지로 어떤 이들은 많은 분량의 말씀을 읽다가 말씀 읽기에 싫증이 나서 말씀을 아무렇게나 건성으로 읽으려는 유혹에 빠지기 쉽습니다. 이런 일은 하나님의 진노를 불러일으킬 것입니다. 이 말씀이 여러분에게 해당되지 않도록 주의하십시오. "만군의 여호와가 이르노라 너희가 또 말하기를 이 일이 얼마나 번거로운고 하며 코웃음치고 훔친 물건과 저는 것, 병든 것을 가져왔느니라 너희가 이같이 봉헌물을 가져오니 내가 그것을 너희 손에서 받겠느냐 이는 여호와의 말이니라" (말 1:13).

의무감으로 억지로 읽지 말라

어떤 이들은 한동안 말씀을 잘 읽지만 나중에는 말씀 읽는 일이 감당하기 벅찬 부담감으로 느껴집니다. 그들은 하늘의 양식을 전혀 맛보지 못하고 양심에 질질 끌려 억지로 정해진 의무를 행합니다. 만일 어떤 성도든 이런 경우에 해당된다면, 차라리 이 족쇄를 던져버리고 하나님의 아름다운 정원에서 마음껏 꼴을 먹으십시오. 제가 바라는 것은 여러분에게 덫을 놓는 것이 아니라 여러분이 기쁨을 맛보도록 돕는 것입니다.

이렇게 주의할 점이 많은데 이런 읽기표를 만든 목적이 대체 무엇일까요? 이 질문에 저는 이렇게 대답하겠습니다. 가장 좋은 일에는 언제나 위험이 따르는 법입니다. 위험한

절벽 틈에 가장 아름다운 꽃들이 피어 있는 것처럼 말입니다. 그러면 이 읽기표의 장점을 살펴보겠습니다.

[장점]

성경 전체를 1년 동안 규칙적으로 통독할 수 있다.

구약은 한 번, 신약과 시편은 두 번 통독할 수 있습니다. 안타깝게도 성경을 한 번도 다 읽지 못한 성도들이 많은 것 같습니다. 그러나 성경은 모두 하나님의 말씀입니다. “모든 성경은 하나님의 감동으로 된 것으로 교훈과 책망과 바르게 함과 의로 교육하기에 유익하니 이는 하나님의 사람으로 온전하게 하며 모든 선한 일을 행할 능력을 갖추게 하려 함이라” (딤후 3:16-17). 우리가 성경의 일부분을 그냥 넘어간다면 우리는 불완전한 그리스도인이 될 것입니다.

어느 부분을 읽을지 고르는 데 시간 낭비할 일이 없다

성도들은 향기로운 산의 어느 곳으로 나아갈지 갈팡질팡할 때가 종종 있습니다. 이 표로 그 문제를 단번에 아주 간단히 해결할 수 있습니다.

부모는 매일 자녀와 주변(구역원, 셀원)을 살필 좋은 주제를 얻을 수 있다

가정 예배를 현재 일반적으로 드리는 방식보다 더 은혜롭게 드리려면 개선의 여지가 많습니다. 단지 말씀만 읽고 마는 것은 땅바닥에 쏟아진 물과 다름없을 때가 많습니다. 가족 모두가 말씀을 미리 읽고 나서 간단한 질문과 대답을 통해 말씀의 의미를 이끌어 내고 삶에 적용해야 합니다. 성경읽기표는 이러한 일에 도움이 될 것입니다. 친구들도 서로 만났을 때 그 날 읽은 말씀에서 유익한 대화 주제를 얻을 수 있을 것입니다. 어려운 본문의 뜻은 더 지혜롭고 성숙한 성도들에게 물어 볼 수도 있고, 간단한 성경 말씀은 널리 그 향기가 퍼져 나갈 수 있을 것입니다.

목자는 양떼가 초장의 어느 곳에서 꼴을 먹는지 알 수 있다

따라서 목회자는 주일에 성도들에게 더 알맞은 말씀을 전할 수 있게 됩니다. 목회자와 장로 모두 각 가정을 심방할 때 빛과 위로가 되는 말씀을 전할 수 있게 되고, 그 말씀에 성도들은 더 쉽게 반응하게 될 것입니다.

성도들의 사랑과 연합이라는 아름다운 끈이 더 단단해진다

우리는 함께 이 읽기표대로 말씀을 읽기로 한 주님 안의 귀한 형제자매들을 시시때때로 자주 떠올리게 될 것입니다. 이 땅 위에서 하나님께 간구할 일들에 대해 더 많이 마음을 합하게 될 것입니다. 똑같은 약속의 말씀을 놓고 기도하며, 똑같이 죄를 고백하며 애통해하고, 똑같은 찬송으로 하나님을 찬양하며, 똑같은 영생의 말씀으로 양육 받게 될 것입니다.

-『로버트 맥체인 회고록』(p. 363~367), 부흥과 개혁사

4. 마틴로이드 존스와 존 스토트가 사랑했던 맥체인 성경읽기

맥체인 성경읽기표의 유익을 발견하고 평생 사용했던 대표적인 사람으로는 20세기의 대표적인 복음주의 설교가요 목회자인 마틴 로이드 존스 목사(1899-1981)와 존 스토트 목사(1921-2011)가 있습니다.

① 존 스토트

2011년 7월 27일 소천한 존 스토트 목사의 탁월한 균형감각은 체계적인 성경 읽기에서 나왔습니다. 그는 세계교회협의회(WCC) 가맹교단인 영국성공회 소속이었지만 복음주의 노선을 평생 견지했습니다. 복음주의자이면서도 기독교의 사회적 책임을 소홀히 여기지 않았던 그는 자신의 저서 『기독교의 기본진리(Basic Christianity)』에서 "균형잡힌 신앙은 말씀과 기도의 균형에서 나온다. 이를 위해서는 성경 읽기가 필수이다"라고 밝히고 있습니다. 실제로 그는 1970년대 마틴 로이드 존스 목사로부터 맥체인 성경읽기표를 소개받고 평생 체계적인 성경 읽기를 실천했습니다.

존 스토트 목사는 평소 맥체인 성경읽기표에 대해 "성경 한편을 계속 읽어 내려갈 때 생기는 지루함을 방지해주는 좋은 성경읽기 방식이다. 성경 전체를 체계적이고 균형감 있게 알아야 하는 목회자들과 평신도 지도자들에게 강력히 추천한다"고 했습니다. 그는 또 "성경을 읽는 방법에는 여러 가지가 있지만 천천히, 묵상하고 생각하며 읽어야 한다. 구절의 뜻이 명확해질 때까지 한 구절 한 구절을 읽고 또 읽어야 한다"고 조언했습니다.

평생 맥체인 성경읽기를 사랑하고 실천했던 존 스토트 목사는 맥체인 성경읽기에 대해 다음과 같이 말했습니다.

"개인적으로 나는 전에 웨스트민스터 채플 목사였던 마틴 로이드 존스 박사께서 20년 전쯤 로버트 맥체인의 성경읽기표를 나에게 소개해 준 것에 감사하고 있습니다. 맥체인이 그것을 만들어 낸 것은 1842년 당시 자기가 섬기고 있던 스코틀랜드 던디의 성 베드로 교회 교인을 위해서였습니다. 이것에 따르면 매년 성경 전체틀 구약은 한 번씩, 신약은 두 번씩 읽을 수 있습니다. 나는 로이드존스 박사가 『목사와 설교』에서 말한 다음의 내용을 전적으로 동의합니다. '모든 설교자는 적어도 일 년에 한 번씩은 성경 전체를 완전히 통독해야 합니다. …그것은 설교자가 성경을 읽어야 할 최소의 분량입니다.'

맥체인의 성경읽기표는 매일 네 장을 읽도록 배열되어 있습니다. 당시는 평온한 빅토리아 시대였기 때문에 그의 의도는 날마다 개인 경건 시간에 두 장(아침과 저녁) 및 가족 기도회에서 두 장(역시 아침과 저녁)을 읽게 하려는 것이었습니다. 나 자신의 습관으로는 오히려 아침에 세 장 -가능하면 두 장은 읽고 세 번째 장은 연구를 하며- 넷째 장은 저녁을 위해서 남겨둡니다.

맥체인이 생각해 낸 성경읽기 방식에 있어서 특히 도움이 되는 것은 장을 할당하는 방식입니다. 그것은 1월 1일, 창세기 1-4장에서 시작하여, 1월 2일에는 창세기 5-8장, 1월 3일에는 창세기9-12장으로 계속되는 방식이 아닙니다. 그보다는 새해 첫 날의 말씀은 성경에 나오는 네 가지 위대한 시초, 즉 창세기 1장(창조의 시작), 에스라 1장(민족의 갱생), 마태복음 1장(그리스도의 탄생), 사도행전 1장(기독교회의 탄생)으로 시작됩니다. 이렇게 하나님의 계시 목적에 평행선을 그으며 따라가는 것입니다. 어느 날에는 족장, 에스더, 예수님의 사역, 바울의 여행에 대해 읽을 것이고, 다른 날에는 왕정의 성쇠를 추적하고, 예언자의 예언 메시지에 귀를 기울이며, 요한이 그리는 예수님의 모습을 보고, 요한계시록에 의해 드러나는 미래를 응시하고 있을 것입니다. 내게 있어서 기복이 심한 성경의 전체를 개

관하며, 그 기저에 깔려 있고 반복되어 나타나는 주제를 파악하는 데 이보다 더 도움이 되는 것은 없었습니다."

-(존 스토트, 『현대교회와 설교』283-284쪽)

② 마틴 로이드 존스

존 스토트 목사에게 맥체인 성경읽기를 추천했던 마틴 로이드 존스 목사도 50여 년을 맥체인 성경읽기표에 따라 성경을 읽었던 분이었습니다. 로이드 존스 목사의 딸인 엘리자베스 케서우드의 증언에 따르면, 로이드 존스 목사는 평생 동안 구약은 최소 50회, 신약은 최소 110회 이상 통독했다고 합니다. 그 힘은 바로 맥체인 성경읽기에서 비롯되었습니다.

"부친은 로버트 맥체인의 매일 성경읽기표에 따라 성경을 보았습니다. 그는 성경을 좋아하는 부분만 아니라, 처음부터 끝까지 모든 부분을 다 읽는 것이 주는 유익을 믿었습니다. 그는 필요한 본문은 별도로 공부했지만 정규적으로 성경을 반복해서 읽었습니다. 저의 부모님들은 적어도 52~54년을 로버트 맥체인의 성경읽기표를 따라 성경을 꾸준히 통독하였습니다. 이 계획표를 근거로 추정해 보면 저의 부친은 자신의 설교준비를 위한 성경읽기 이외에도 신약을 적어도 110회 통독한 셈입니다.

부친은 3월 1일에 돌아가셨는데, 공교롭게도 2월 28일의 매일성경읽기 본문의 마지막 장이 고린도전서 15장이었습니다. 마치 주께서 저의 부친에게 앞으로 있게 될 몸의 부활을 지적해 준 것 같은 느낌이 듭니다."

-(로이드 존스의 장녀인 엘리자베스 케서우드, 『마틴 로이드 존스의 독서생활』 54쪽)

5. 맥체인 성경 365의 특징과 장점

맥체인 성경365의 장점은 QT와 통독을 하나로 통합해준다는 것입니다.

맥체인 성경365로 성경을 읽고 묵상하면

- 매일 성경을 읽도록 해줍니다.
- 매일 체계적이고 규칙적으로 성경을 읽도록 도와줍니다.

- 매일 성경 읽기(20분)에 적당한 분량입니다.
- 매일 구약과 신약의 각 부분을 골고루 읽도록 해줍니다.
- 1년에 구약 1독, 신약과 시편 2독을 할 수 있습니다.
- QT와 성경읽기를 하나로! 이제 QT와 통독을 따로 할 필요가 없습니다.
- 구약과 신약(시편)이 짝을 이뤄 구속사를 한눈에 살펴볼 수 있습니다.
- 말씀의 다채로움을 만끽하며 더 넓고 깊은 하나님의 생각을 발견하게 됩니다.
- 하나로 관통하는 하나님의 생각을 찾아내 더 깊은 영적 성숙을 도와줍니다.

6. 맥체인 성경읽기와 말씀묵상(QT)에 실패하지 않으려면

영혼의 양식이요 영적 성숙의 원천이 되는 성경, 누구나 많이 읽고, 깊이 묵상하기를 원합니다. 하지만 막상 성경 통독을 시작하려고 해도 쉽지 않고, 끝내기는 더욱 쉽지 않습니다. 맥체인 성경읽기를 통해 성경을 통독하고, 매일 매일의 말씀묵상에 실패하지 않으려면, 맥체인 성경읽기표를 따라 다음과 같은 방법으로 성경을 읽으십시오.

① 매일 성경을 읽겠다는 결심을 하십시오.
② 성경을 읽는 구별된 시간을 확보하십시오.
③ 성경읽기표를 따라 매일 구별된 시간에 읽으십시오.
④ 가정예배와 교회 공동체에서 함께 성경읽기표를 따라 읽어나가면 좋습니다.
⑤ 너무 완벽하게 읽으려고 하지 마시고, 먼저 성경을 읽는다는 자체에 우선하십시오.
⑥ 빠뜨린 날이 있더라도 오늘 내가 읽어야 할 날짜의 읽기에 집중하십시오.
⑦ 빠뜨린 부분이 있더라도 집착하거나 포기하지 마시고 오늘 날짜부터 다시 시작하십시오.

2장 맥체인 통독 묵상 가이드

1. 맥체인 성경 365 말씀연결 사용하는 법

① 네 성경 본문의 소주제를 통해 중심 단어나 문장을 말씀으로 묵상한다.

② 네 본문의 말씀을 순서대로, 천천히 읽는다.

③ 두 본문에서 반복되는 단어나 유사한 문맥을 찾아 서로 연결한다.

④ 본문에서 반대의 뜻을 가진 단어나 문장을 찾는다.

⑤ 두 권의 책에서 공통되는 하나님의 말씀을 연결하여 기록한다.

⑥ 연결되는 말씀을 다른 두 권으로 확대하여 네 권 전체에 흐르는 하나님의 생각과 베푸신 은혜를 누리고, 그 내용을 적어본다.

⑦ 본문에서 지도자나 인도자로부터 배운 신학 주제나 교리들이 함축하고 있는 문맥의 짝을 찾아본다.

⑧ 중심 주제를 필두로, 삶에 적용할 일들을 적어보고 생활 중에 실천함으로써 변화를 경험해 본다.

⑨ 하나님이 오늘 나에게 주신 말씀들을 통하여 가르침, 명령과 약속 권면, 경고 및 행해야 할 일들을 하나님과 대화하는 마음으로 읽기를 한다.

⑩ 입체적 읽기

편집순 읽기, 연대기 읽기, 입체적 읽기

⑪ 동서남북 4면 보기

사복음서를 통해 예수님을 본다. 신구약을 통해 하나님의 역사를 본다.

⑫ 코끼리 알기

단면의 한계로 온전히 이해하기 어렵다.

⑬ 코, 뿔, 다리, 꼬리 알기

각각의 특징, 지체를 종합할 때 온전한 모습을 볼 수 있다.

⑭ 영혼의 양식 먹기

하나님의 말씀을 먹는 방법은 매우 다양하다.

듣기, 읽기, 공부하기, 암송하기, 묵상하기

⑮ 단품, 코스, 뷰전, 뷔페 다양하게 먹기

어떤 음식을 어떻게 먹느냐에 따라 그 맛이 다르다.

⑯ 단어연결(Word Link)

성경에는 같은 단어가 연결되고, 다른 단어지만 뜻이 같아 연결된다.

⑰ 통일성

구약과 신약은 예수 안에서 연결되고 통일된다.

⑱ 편하게 읽을 것인가, 유익하게 읽을 것인가?

편하게 읽는 다는 것은 생각을 단순화 시킨다.

유익하게 읽으려면 사고를 동원해야 한다.

⑲ 익숙하게 읽을 것인가, 새롭게 읽을 것인가?

습관적으로, 전통적으로 읽으면 익숙하게 읽을 수 있다.

새롭게 읽으려면 지도와 도움이 필요하다.

⑳ 하나님의 섭리의 다각성

하나님의 섭리(뜻)는 다양한 방향으로 나타난다.

하나님의 섭리(뜻)는 다양한 방법으로 나타난다.

㉑ 시대적, 공간적 역사하심 찾기

하나님의 사역은 시대적으로 공간적으로 섬세하게 나타나며 또 역사한다.

㉒ 역사이해

과거의 역사를 살피고 오늘의 관점에서 다시 해석한다.

㉓ 본문시대의 역사

기록시대의 역사

독자시대의 역사

㉔ 파편적으로 듣는 말씀

우리가 듣는 설교는 설교자의 주관적 선택에 의해 듣게되는 경우가 많다.

단, 강해설교는 예외일 수 있다.

㉕ 종합적으로 듣는 말씀

입체적이고 사면적으로 통독하기 때문에 종합적인 말씀이 될 수 있다.

맥체인성경읽기 정리

① 창세기~역대하 : 만물의 시작과 이스라엘의 시작

② 마태복음~요한복음 : 예수의 복음사역과 십자가 구속

③ 에스라~말라기 : 이스라엘의 멸망과 새 시대의 시작

④ 사도행전~요한계시록 : 교회의 시작과 선교

드라마 구성을 참고하라.

① 등장인물 한 사람의 이야기만 계속한다.

② 일어난 한 사건의 이야기만 계속한다.

③ 다른 한 편에서 일어나는 인물과 사건에도 연관된 내용이 전개된다.

④ 종합적으로 시나리오를 완성한다.

⑤ 일차 사면으로 이해하라.

⑥ 이차 네 장의 성경이야기를 핵심본문과 그에 대한 예제의 관계로 이해하라.

⑦ 구약과 신약이 짝을 이루어 흥미롭고 풍성하게 읽을 수 있는 구조다.

⑧ 구약과 신약이 대조를 이루어 의미의 다채로움을 경험하며 읽을 수 있는 구조다.

⑨ 하나님의 구원의 역사를 한 눈에 볼 수 있도록 구성되어 있다.

⑩ 세상을 향한 하나님의 마음과 생각을 폭넓게 연상할 수 있도록 구성되어 있다.

⑪ 성경 66권은 1,600년이 넘는 긴 세월 동안 성령의 감동을 입은 각 시대의 사람들이 각기 다른 장소에서 기록한 것을 정경화한 것이다.

⑫ 그럼에도 불구하고 놀랍게도 제각각 짝이 있고 통일된 주제와 일관된 메시지를 전한다.

⑬ 이것은 우연이 아니며 하나님이 저자이심을 말씀하고 있다. 따라서 새로운 편집방식으로 읽을 때 더 깊은 감동을 경험할 수 있다.

⑭ 신구약성경 전체를 4등분으로 하루에 4장씩 동시에 읽으면 성경에 기록된 장구한 하나님의 구원의 역사를 크게 네 시대로 나누어 동시에 묵상할 수 있는 구조다.

⑮ 신구약성경 전체를 4시대 구분으로 하루에 4장씩 동시에 읽으면 각 시대별로 또한 거시적인 안목으로 하나님의 구속 역사를 역동적으로 묵상할 수 있는 구조다.

⑯ 4장 본문을 읽고 4시대 가운데 나타나는 하나님의 역사에 대해 공통주제와 사상을 찾은 후 그 핵심단어를 서로 링크하는 구조이다.

⑰ 신구약 4장을 동시에 읽으면 전혀 다른 배경과 내용이 나온다. 그 곳에서 공통점을 찾으면 주님의 입체적으로 일하심을 발견하게 된다.

⑱ 지금 우리의 기도와 실천도 다양하게 응용하여 주어진 삶에 적용할 수 있는 구조다.

⑲ 기존 성경을 읽을 때는 등장인물이 주인공이 될 때도 많이 있으나 맥체인성경의 신구약 4장을 읽으면 모든 통일주제와 개별주제의 주인공이 하나님과 예수님과 성령님이 되는 구조이다.

⑳ 기존의 성경묵상은 한 책을 읽으므로 한 본문에 한 교훈을 찾는 것이 일반적이지만 맥체인성경읽기와 묵상은 네 책을 읽고 네 본문의 공통점을 찾기 때문에 몇 개의 교훈이 나타난다.

㉑ 그 중에 현재 감동을 주는 교훈을 적용하는 구조이다.
네 권의 책을 한 장씩 읽을 때 먼저 각 장마다 전체적인 내용을 파악하고 핵심주제 2개 이상을 찾는다.

㉒ 그 다음 각 장의 주제를 비교하여 동일한 것을 연결하여 묵상하는 구조이다.

2. 맥체인 통독 맥잡기

1 일차 / 365 시작

맥체인 읽기표: 1월 1일
나의 묵상일: 월 일

- 맥체인성경의 통독구조<1>

1. 입체적 읽기
   편집순 읽기, 연대기 읽기, 입체적 읽기
2. 동서남북 4면 보기
   사복음서를 통해 예수님을 본다. 신구약을 통해 하나님의 역사를 본다.

- 찬송가 | 79장
- 말 씀 | 창세기 1장 / 마태복음 1장 / 에스라 1장 / 사도행전 1장

창세기 1장 / **만물의 창조시작**

- **창1:26** 하나님이 이르시되 우리의 형상을 따라 우리의 모양대로 우리가 사람을 만들고 그들로 바다의 물고기와 하늘의 새와 가축과 온 땅과 땅에 기는 모든 것을 다스리게 하자 하시고
- **창1:28** 하나님이 그들에게 복을 주시며 하나님이 그들에게 이르시되 생육하고 번성하여 땅에 충만하라, 땅을 정복하라, 바다의 물고기와 하늘의 새와 땅에 움직이는 모든 생물을 다스리라 하시니라
- **창1:31** 하나님이 지으신 그 모든 것을 보시니 보시기에 심히 좋았더라 저녁이 되고 아침이 되니 이는 여섯째 날이니라

마태복음 1장 / **예수의 탄생시작**

- **마1:18** 예수 그리스도의 나심은 이러하니라 그의 어머니 마리아가 요셉과 약혼하고 동거하기 전에 성령으로 잉태된 것이 나타났더니
- **마1:20** 이 일을 생각할 때에 주의 사자가 현몽하여 이르되 다윗의 자손 요셉아 네 아내 마리아 데려오기를 무서워하지 말라 그에게 잉태된 자는 성령으로 된 것이라
- **마1:21** 아들을 낳으리니 이름을 예수라 하라 이는 그가 자기 백성을 그들의 죄에서 구원할 자이심이라 하니라

에스라 1장 / **성전의 건축시작**

- **스1:2-3** 바사 왕 고레스는 말하노니 하늘의 하나님 여호와께서 세상 모든 나라를 내게 주셨고 나에게 명령하사 유다 예루살렘에 성전을 건축하라 하셨나니 이스라엘의 하나님은 참 신이시라 너희 중에 그의 백성 된 자는 다 유다 예루살렘으로 올라가서 이스라엘의 하나님 여호와의 성전을 건축하라 그는 예루살렘에 계신 하나님이시라
- **스1:6-7** 그 사면 사람들이 은 그릇과 금과 물품들과 짐승과 보물로 돕고 그 외에도 예물을 기쁘게 드렸더라 고레스 왕이 또 여호와의 성전 그릇을 꺼내니 옛적에 느부갓네살이 예루살렘에서 옮겨다가 자기 신들의 신당에 두었던 것이라

사도행전 1장 / **교회의 태동시작**

- **행1:8** 오직 성령이 너희에게 임하시면 너희가 권능을 받고 예루살렘과 온 유대와 사마리아와 땅 끝까지 이르러 내 증인이 되리라 하시니라
- **행1:14** 여자들과 예수의 어머니 마리아와 예수의 아우들과 더불어 마음을 같이하여 오로지 기도에 힘쓰더라
- **행1:26** 제비 뽑아 맛디아를 얻으니 그가 열한 사도의 수에 들어가니라

묵 상
(연합내용)

하나님은 만물을 창조하신 후 사람에게 맡기시고, 교제하시기 위하여 구약에서는 성전 중심으로, 신약에서는 예수 안에서 교회 중심으로 모이게 하셨다.

묵상을 위한 질문

1. 왜 둘째날에는 보시기에 좋았더라는 말씀이 없을까요?

2. 왜 사람이 마지막 번째로 창조되었을까요?

3. 왜 예수님의 족보에 품행이 좋지 못한 여자 네 명이 등장하는 것일까요?

4. 예수님이 성령으로 잉태되셨다는 사실은 무엇을 뜻하나요?

5. 어떻게 이방 바사왕 고레스가 하나님의 감동을 받을 수 있을까요?

6. 성전을 건축하기 위해 준비된 두 종류의 성물은 무엇일까요?

7. 부활의 주님의 관심과 제자들의 관심은 어떻게 다를까요?

8. 마가다락방에 모인 사람들은 오로지 어떤 기도에 힘썼을까요?

적 용

1. 내게 새 일을 시작하시는 성령에게 민감하라.
2. 나의 중심은 어디에 있는가?

기 도

- 지난해의 아쉬움으로 좌절하지 않고 말씀 의지하여 다시 시작하겠습니다.
- 시작함에 있어서 모든 시작은 하나님의 섭리(손)에 달려 있다는 것을 기억하겠습니다.
- 그렇지만 나의 준비가 요구됩니다. 성령을 의지하고, 오로지 기도하며, 부활의 증인된 삶을 살아가겠습니다.

암송
감사기도

2 일차 / 365 선물

맥체인 읽기표: 1월 2일
나의 묵상일: 월 일

- 맥체인성경의 통독구조<2>

1. 코끼리 알기
   단면의 한계로 온전히 이해하기 어렵다.
2. 코, 뿔, 다리, 꼬리 알기
   각각의 특징, 지체를 종합할 때 온전한 모습을 볼 수 있다.

- 찬송가 | 66장
- 말 씀 | 창세기 2장 / 마태복음 2장 / 에스라 2장 / 사도행전 2장

창세기 2장 / **배필의 출현 선물**

- **창2:7** 여호와 하나님이 땅의 흙으로 사람을 지으시고 생기를 그 코에 불어넣으시니 사람이 생령이 되니라
- **창2:17** 선악을 알게 하는 나무의 열매는 먹지 말라 네가 먹는 날에는 반드시 죽으리라 하시니라
- **창2:18** 여호와 하나님이 이르시되 사람이 혼자 사는 것이 좋지 아니하니 내가 그를 위하여 돕는 배필을 지으리라 하시니라

마태복음 2장 / **박사의 경배 선물**

- **마2:2** 유대인의 왕으로 나신 이가 어디 계시냐 우리가 동방에서 그의 별을 보고 그에게 경배하러 왔노라 하니
- **마2:11** 집에 들어가 아기와 그의 어머니 마리아가 함께 있는 것을 보고 엎드려 아기께 경배하고 보배합을 열어 황금과 유향과 몰약을 예물로 드리니라

에스라 2장 / **백성의 귀환 선물**

- **스2:1-2** 옛적에 바벨론 왕 느부갓네살에게 사로잡혀 바벨론으로 갔던 자들의 자손들 중에서 놓임을 받고 예루살렘과 유다 도로 돌아와 각기 각자의 성읍으로 돌아간 자 곧 스룹바벨과 예수아와 느헤미야와 스라야와 르엘라야와 모르드개와 빌산과 미스발과 비그왜와 르훔과 바아나 등과 함께 나온 이스라엘 백성의 명수가 이러하니

사도행전 2장 / **성령의 강림 선물**

- **행2:4** 그들이 다 성령의 충만함을 받고 성령이 말하게 하심을 따라 다른 언어들로 말하기를 시작하니라
- **행2:38** 베드로가 이르되 너희가 회개하여 각각 예수 그리스도의 이름으로 세례를 받고 죄 사함을 받으라 그리하면 성령의 선물을 받으리니
- **행2:47** 하나님을 찬미하며 또 온 백성에게 칭송을 받으니 주께서 구원 받는 사람을 날마다 더하게 하시니라

묵 상 (연합내용)

하나님은 아담에게는 배필을 선물로, 박사를 통해 아기예수에게는 황금과 유향과 몰약을 선물로, 스룹바벨에게는 함께 돌아와 성전을 건축할 백성을 선물로, 교회에는 성령을 선물로 주셨다.

묵상을 위한 질문

1. 하나님이 사람에게 주신 생기와 계명은 어떤 관계를 가지고 있을까요?

2. 하나님이 사람에게 주신 돕는 배필은 어떤 존재일까요?

3. 믿는 자에게 있어서 꿈은 어떤 의미가 있을까요?

4. 예수님 중심으로 사는 사람에게는 어떤 은혜가 있을까요?

5. 왜 돌아온 자들의 이름과 인원과 역할을 자세히 기록했을까요?

6. 성전을 건축할 예물을 기쁘게 드릴 수 있는 힘은 어디에서 올까요?

7. 왜 성령님은 오순절에 임하셨을까요?

8. 왜 120명의 성도들은 모두 방언을 했을까요?

적 용

1. 내가 받은 선물은 무엇인가?

2. 내가 드릴 선물은 무엇인가?

기 도

- 무너지고 넘어져도 하나님은 하나님 나라 씨에게 새로운 시작을 주십니다.
- 새로운 시작에 오직 '믿음으로 반응'하겠습니다.
- 성령과 기도로 시작합니다.

암송 감사기도

3 일차 / 365 회복

맥체인 읽기표: 1월 3일
나의 묵상일: 월 일

- 맥체인성경의 통독구조<3>

1. 영혼의 양식 먹기
   하나님의 말씀을 먹는 방법은 매우 다양하다.
   듣기, 읽기, 공부하기, 암송하기, 묵상하기
2. 단품, 코스, 뷔전, 뷔페 다양하게 먹기
   어떤 음식을 어떻게 먹느냐에 따라 그 맛이 다르다.

- 찬송가 | 66장
- 말 씀 | 창세기 3장 / 마태복음 3장 / 에스라 3장 / 사도행전 3장

창세기 3장 / **원복음과 가죽옷**	마태복음 3장 / **세례와 천국**
• **창3:15** 내가 너로 여자와 원수가 되게 하고 네 후손도 여자의 후손과 원수가 되게 하리니 여자의 후손은 네 머리를 상하게 할 것이요 너는 그의 발꿈치를 상하게 할 것이니라 하시고 • **창3:21** 여호와 하나님이 아담과 그의 아내를 위하여 가죽옷을 지어 입히시니라	• **마3:2** 회개하라 천국이 가까이 왔느니라 하였으니 • **마3:16** 예수께서 세례를 받으시고 곧 물에서 올라오실새 하늘이 열리고 하나님의 성령이 비둘기 같이 내려 자기 위에 임하심을 보시더니
에스라 3장 / **제단과 제사**	사도행전 3장 / **은혜와 치유**
• **스3:3** 무리가 모든 나라 백성을 두려워하여 제단을 그 터에 세우고 그 위에서 아침 저녁으로 여호와께 번제를 드리며 • **스3:11-12** 찬양으로 화답하며 여호와께 감사하여 이르되 주는 지극히 선하시므로 그의 인자하심이 이스라엘에게 영원하시도다 하니 모든 백성이 여호와의 성전 기초가 놓임을 보고 여호와를 찬송하며 큰 소리로 즐거이 부르며 제사장들과 레위 사람들과 나이 많은 족장들은 첫 성전을 보았으므로 이제 이 성전의 기초가 놓임을 보고 대성통곡하였으나 여러 사람은 기쁨으로 크게 함성을 지르니	• **행3:6-7** 베드로가 이르되 은과 금은 내게 없거니와 내게 있는 이것을 네게 주노니 나사렛 예수 그리스도의 이름으로 일어나 걸으라 하고 오른손을 잡아 일으키니 발과 발목이 곧 힘을 얻고 • **행3:16** 그 이름을 믿으므로 그 이름이 너희가 보고 아는 이 사람을 성하게 하였나니 예수로 말미암아 난 믿음이 너희 모든 사람 앞에서 이같이 완전히 낫게 하였느니라

묵 상
(연합내용)

하나님은 벌거벗은 사람에게 가죽옷을 입혀 회복시키고 세례를 통해 용서하신 후 회복을, 그리고 제단에서 예배를 온전히 드리게 함으로 영육간에 치유와 회복을 받게 하신다.

묵상을 위한 질문

1. 타락하기 전 사람에게 어떤 약점이 있었을까요?
2. 선악을 알게 하는 나무의 열매와 동산에 있는 모든 나무의 열매와의 공통점은 무엇일까요?
3. 세례요한과 예수님은 어떤 관계일까요?
4. 세례를 받는 자에게는 어떤 놀라운 일이 일어날까요?
5. 돌아온 이스라엘 자손이 성전제단을 쌓을 때 두려워했던 것은 무엇일까요?
6. 왜 이스라엘 자손이 성전기초를 놓고 대성통곡도 하고 함성을 지르며 기뻐하기도 했을까요?
7. 앉은뱅이가 일어날 수 있었던 것은 무엇 때문일까요?
8. 베드로가 예수를 담대히 전하고 기적을 행할 수 있었던 것은 무엇 때문일까요?

적 용

1. 나는 하나님에게 어떤 회복의 은혜를 입었는가?
2. 나는 바르고 온전하게 예배하고 있는가?

기 도

• 죄 가운데 있습니까?
• 회개함으로 십자가의 은혜 앞으로 나아가십시오.
• 하나님 앞에 용서받지 못할 죄는 없습니다. 회복케 하시는 하나님을 찬양합니다.

암송 감사기도

4 일차 / 365 시험

맥체인 읽기표: 1월 4일
나의 묵상일: 월 일

- 맥체인성경의 통독구조<4>

1. 워드링크(Word Link)
   단어연결.
   성경에는 같은 단어가 연결되고, 다른 단어지만 뜻이 같아 연결된다.
2. 통일성
   구약과 신약은 예수 안에서 연결되고 통일된다.

- 찬송가 | 66장
- 말 씀 | 창세기 4장 / 마태복음 4장 / 에스라 4장 / 사도행전 4장

창세기 4장 / **가인의 살인**

- **창4:4** 아벨은 자기도 양의 첫 새끼와 그 기름으로 드렸더니 여호와께서 아벨과 그의 제물은 받으셨으나
- **창4:8** 가인이 그의 아우 아벨에게 말하고 그들이 들에 있을 때에 가인이 그의 아우 아벨을 쳐죽이니라
- **창4:21** 그의 아우의 이름은 유발이니 그는 수금과 퉁소를 잡는 모든 자의 조상이 되었으며

마태복음 4장 / **마귀의 시험**

- **마4:1** 그 때에 예수께서 성령에게 이끌리어 마귀에게 시험을 받으러 광야로 가사
- **마4:10** 이에 예수께서 말씀하시되 사탄아 물러가라 기록되었으되 주 너의 하나님께 경배하고 다만 그를 섬기라 하였느니라
- **마4:17** 이 때부터 예수께서 비로소 전파하여 이르시되 회개하라 천국이 가까이 왔느니라 하시더라

에스라 4장 / **사마리아인들의 훼방**

- **스4:3-5** 스룹바벨과 예수아와 기타 이스라엘 족장들이 이르되 우리 하나님의 성전을 건축하는 데 너희는 우리와 상관이 없느니라 바사 왕 고레스가 우리에게 명령하신 대로 우리가 이스라엘의 하나님 여호와를 위하여 홀로 건축하리라 하였더니 이로부터 그 땅 백성이 유다 백성의 손을 약하게 하여 그 건축을 방해하되 바사 왕 고레스의 시대부터 바사 왕 다리오가 즉위할 때까지 관리들에게 뇌물을 주어 그 계획을 막았으며
- **스4:21** 이제 너희는 명령을 전하여 그 사람들에게 공사를 그치게 하여 그 성을 건축하지 못하게 하고 내가 다시 조서 내리기를 기다리라
- **스4:24** 이에 예루살렘에서 하나님의 성전 공사가 바사 왕 다리오 제이년까지 중단되니라

사도행전 4장 / **관리들의 위협**

- **행4:12** 다른 이로써는 구원을 받을 수 없나니 천하 사람 중에 구원을 받을 만한 다른 이름을 우리에게 주신 일이 없음이라 하였더라
- **행4:21** 관리들이 백성들 때문에 그들을 어떻게 처벌할지 방법을 찾지 못하고 다시 위협하여 놓아 주었으니 이는 모든 사람이 그 된 일을 보고 하나님께 영광을 돌림이라

묵 상
(연합내용)

마귀는 가인과 예수, 사마리아인들과 관리들을 시험하여 하나님의 뜻을 거역케 한다. 언제든지 하나님의 사람을 시험할 뿐만이 아니라 하나님의 일을 훼방한다.

묵상을 위한 질문

1. 가인은 살인후 유리하는 자가 되었을 때에 누가 자신을 죽일까 두려워하였나요?

2. 가인의 자손은 어떤 문화를 이루며 살아갔으며 우리와 어떤 관계를 가질까요?

3. 예수님이 성령에 이끌리어 시험을 받으러 가셨다는 말씀의 뜻은 무엇일까요?

4. 마귀의 시험을 이긴 자에게는 어떤 능력과 어떤 삶이 펼쳐질까요?

5. 왜 스룹바벨이 성전건축에 동참하려는 사마리아인들을 거부했을까요?

6. 고레스왕과 아닥사스다왕의 차이점은 무엇일까요?

7. 베드로의 대상을 초월한 선포는 어떤 결과를 가져왔을까요?

8. 예루살렘 초대교회가 크게 부흥할 수 있었던 요인은 무엇일까요?

적 용

1. 생활 속에서 내 속에서 일어나는 마귀의 시험은 무엇인가?

2. 생활 속에서 내 밖에서 다가오는 마귀의 시험은 무엇인가?

기 도

• 예수 그리스도를 왕으로 받아들이는가?
• 죄에 대해서는 철저히 거절하고 있는가?
• 예수는 받아들이고 죄는 거절(피 흘리기까지 싸우는)하는 용기 있는 삶을 선택하십시오.

5 일차 / 365 동행

맥체인 읽기표: 1월 5일
나의 묵상일: 월 일

- 맥체인성경의 통독구조<5>

1. 편하게 읽을 것인가, 유익하게 읽을 것인가?
편하게 읽는 다는 것은 생각을 단순화 시킨다.
유익하게 읽으려면 사고를 동원해야 한다.

2. 익숙하게 읽을 것인가, 새롭게 읽을 것인가?
습관적으로, 전통적으로 읽으면 익숙하게 읽을 수 있다.
새롭게 읽으려면 지도와 도움이 필요하다.

- 찬송가 | 430장
- 말 씀 | 창세기 5장 / 마태복음 5장 / 에스라 5장 / 사도행전 5장

창세기 5장 / **하나님과 동행하는 자**

- **창5:22-24** 므두셀라를 낳은 후 삼백 년을 하나님과 동행하며 자녀들을 낳았으며 그는 삼백육십오 세를 살았더라 에녹이 하나님과 동행하더니 하나님이 그를 데려가시므로 세상에 있지 아니하였더라
- **창5:29** 이름을 노아라 하여 이르되 여호와께서 땅을 저주하시므로 수고롭게 일하는 우리를 이 아들이 안위하리라 하였더라

마태복음 5장 / **예수와 함께하는 제자들**

- **마5:3-12** 심령이 가난한 자는 복이 있나니 천국이 그들의 것임이요 애통하는 자는 복이 있나니 그들이 위로를 받을 것임이요 온유한 자는 복이 있나니 그들이 땅을 기업으로 받을 것임이요 의에 주리고 목마른 자는 복이 있나니 그들이 배부를 것임이요 긍휼히 여기는 자는 복이 있나니 그들이 긍휼히 여김을 받을 것임이요 마음이 청결한 자는 복이 있나니 그들이 하나님을 볼 것임이요 화평하게 하는 자는 복이 있나니 그들이 하나님의 아들이라 일컬음을 받을 것임이요 의를 위하여 박해를 받은 자는 복이 있나니 천국이 그들의 것임이라 …
- **마5:38-42**

에스라 5장 / **선지자와 함께하는 자들**

- **스5:2** 이에 스알디엘의 아들 스룹바벨과 요사닥의 아들 예수아가 일어나 예루살렘에 있던 하나님의 성전을 다시 건축하기 시작하매 하나님의 선지자들이 함께 있어 그들을 돕더니
- **스5:11-13** 그들이 우리에게 대답하여 이르기를 우리는 천지의 하나님의 종이라 예전에 건축되었던 성전을 우리가 다시 건축하노라 … 바벨론 왕 고레스 원년에 고레스 왕이 조서를 내려 하나님의 이 성전을 다시 건축하게 하고

사도행전 5장 / **성령과 동행하는 성도**

- **행5:19-20** 주의 사자가 밤에 옥문을 열고 끌어내어 이르되 가서 성전에 서서 이 생명의 말씀을 다 백성에게 말하라 하매
- **행5:32** 우리는 이 일에 증인이요 하나님이 자기에게 순종하는 사람들에게 주신 성령도 그러하니라 하더라
- **행5:39** 만일 하나님께로부터 났으면 너희가 그들을 무너뜨릴 수 없겠고 도리어 하나님을 대적하는 자가 될까 하노라 하니

묵 상 (연합내용)

성삼위일체 하나님과 동행하는 사람은 은혜를 받아 구별된 삶을 살게 되고, 그 생활을 통해 구속의 역사를 이루게 된다.

묵상을 위한 질문

1. 에녹시대의 사람들이 장수할 수 있었던 것은 무엇 때문일까요?

2. 하나님과 동행하는 사람들의 특징은 무엇일까요?

3. 예수님이 제자들에게 가르쳐 주신 팔복의 공통점과 차이점은 무엇일까요?

4. 율법과 예수님이 가르쳐 주신 계명은 어떻게 다를까요?

5. 학개와 스가랴선지자의 예언은 예루살렘에 거주하는 유다 사람들에게 어떤 감동과 힘을 주었나요?

6. 하나님의 일을 하는 사람들에게 가장 필요한 것은 무엇일까요?

7. 율법교사 가말리엘의 등장은 베드로의 사역에 어떤 영향을 주었나요?

8. 사도들이 능욕받는 일을 기쁘게 여기고 날마다 예수를 그리스도라 전하는 힘의 원천은 무엇일까요?

적 용

1. 나는 하나님과 동행하기 위해 무엇을 해야 할까요?

2. 내가 사역을 하는데 힘을 얻기 위해 무엇을 해야 할까요?

기 도

- 하나님과 동행하고 있습니까?
- 천국의 규범을 가지고 하나님과 동행하십시오.
- 넘어져도 다시 일어서십시오.
- 하나님께 순종하십시오.

6 일차 / 365

주뜻

맥체인 읽기표: 1월 6일
나의 묵상일: 월 일

- 맥체인성경의 통독구조<6>

1. 하나님의 섭리의 다각성

하나님의 섭리(뜻)는 다양한 방향으로 나타난다.
하나님의 섭리(뜻)는 다양한 방법으로 나타난다.

2. 시대적, 공간적 역사하심 찾기

하나님의 사역은 시대적으로 공간적으로 섬세하게 나타나며 또 역사한다.

- 찬송가 | 515장
- 말 씀 | 창세기 6장 / 마태복음 6장 / 에스라 6장 / 사도행전 6장

창세기 6장 / **방주를 만들라**

- **창6:9** 이것이 노아의 족보니라 노아는 의인이요 당대에 완전한 자라 그는 하나님과 동행하였으며
- **창6:14** 너는 고페르 나무로 너를 위하여 방주를 만들되 그 안에 칸들을 막고 역청을 그 안팎에 칠하라

마태복음 6장 / **기도하라**

- **마6:9-13** 그러므로 너희는 이렇게 기도하라 하늘에 계신 우리 아버지여 이름이 거룩히 여김을 받으시오며 나라가 임하시오며 뜻이 하늘에서 이루어진 것 같이 땅에서도 이루어지이다 오늘 우리에게 일용할 양식을 주시옵고 우리가 우리에게 죄 지은 자를 사하여 준 것 같이 우리 죄를 사하여 주시옵고 우리를 시험에 들게 하지 마시옵고 다만 악에서 구하시옵소서 (나라와 권세와 영광이 아버지께 영원히 있사옵나이다 아멘)
- **마6:24** 한 사람이 두 주인을 섬기지 못할 것이니 혹 이를 미워하고 저를 사랑하거나 혹 이를 중히 여기고 저를 경히 여김이라 너희가 하나님과 재물을 겸하여 섬기지 못하느니라
- **마6:33-34** 그런즉 너희는 먼저 그의 나라와 그의 의를 구하라 그리하면 이 모든 것을 너희에게 더하시리라 그러므로 내일 일을 위하여 염려하지 말라 내일 일은 내일이 염려할 것이요 한 날의 괴로움은 그 날로 족하니라

에스라 6장 / **성전을 봉헌하라**

- **스6:7** 하나님의 성전 공사를 막지 말고 유다 총독과 장로들이 하나님의 이 성전을 제자리에 건축하게 하라
- **스6:10** 그들이 하늘의 하나님께 향기로운 제물을 드려 왕과 왕자들의 생명을 위하여 기도하게 하라
- **스6:16** 이스라엘 자손과 제사장들과 레위 사람들과 기타 사로잡혔던 자의 자손이 즐거이 하나님의 성전 봉헌식을 행하니
- **스6:22** 즐거움으로 이레 동안 무교절을 지켰으니 이는 여호와께서 그들을 즐겁게 하시고 또 앗수르 왕의 마음을 그들에게로 돌려 이스라엘의 하나님이신 하나님의 성전 건축하는 손을 힘 있게 하도록 하셨음이었더라

사도행전 6장 / **일꾼을 세우라**

- **행6:3** 형제들아 너희 가운데서 성령과 지혜가 충만하여 칭찬 받는 사람 일곱을 택하라 우리가 이 일을 그들에게 맡기고
- **행6:7** 하나님의 말씀이 점점 왕성하여 예루살렘에 있는 제자의 수가 더 심히 많아지고 허다한 제사장의 무리도 이 도에 복종하니라
- **행6:10** 스데반이 지혜와 성령으로 말함을 그들이 능히 당하지 못하여

묵 상
(연합내용)

하나님은 구원을 위하여 방주와 성전을 세우게 하시되, 일꾼과 기도를 통해서 이루어 가신다.

묵상을 위한 질문

1. 하나님의 아들들과 사람의 딸들은 누구를 가리키는 것일까요?

2. 하나님이 구원을 위해 방주를 만들라 하셨을 때 강조한 내용은 무엇일까요?

3. 예수님이 가르쳐 주신 기도와 우리가 하는 기도와는 어떤 차이점이 있을까요?

4. 재물의 유혹과 세상의 염려에서 벗어나는 가장 좋은 방법은 무엇일까요?

5. 성전을 건축하고 봉헌하는 것이 하나님의 뜻임을 어떻게 알 수 있을까요?

6. 다리오왕이 다시 성전을 건축하도록 조서를 내린 것은 무엇 때문이었나요?

7. 교회 내의 문제와 일꾼을 세우는 일은 어떤 상관관계가 있을까요?

8. 음모에 의해 공회에 잡혀간 스데반의 얼굴이 천사의 얼굴같았던 이유는 무엇일까요?

적 용

1. 하나님은 구원사역을 위하여 나에게 어떤 사명을 주셨나요?

2. 하나님이 맡기신 사명을 감당할 때 어려운 일을 만나면 어떻게 승리할 수 있을까요?

기 도

- 죄악이 가득한 세상 가운데서 하나님과 어떻게 동행하십니까?
- 구제와 기도와 금식함으로 동행하십시오.
- 나의 몸을 성령이 거하는 성전으로 온전히 세워 나가심으로 동행하십시오.
- 능욕 받는 일을 기쁘게 여기며 오로지 기도와 말씀사역에 힘쓰심으로 동행하십시오.

7 일차 / 365 사역

맥체인 읽기표: 1월 7일
나의 묵상일: 월 일

● 맥체인성경의 통독구조<7>

1. 역사이해
   과거의 역사를 살피고 오늘의 관점에서 다시 해석한다.
2. 본문시대의 역사
   기록시대의 역사
   독자시대의 역사

● 찬송가 | 430장

● 말 씀 | 창세기 7장 / 마태복음 7장 / 에스라 7장 / 사도행전 7장

창세기 7장 / **방주에 거하라**

- **창7:11-12** 노아가 육백 세 되던 해 둘째 달 곧 그 달 열이렛날이라 그 날에 큰 깊음의 샘들이 터지며 하늘의 창문들이 열려 사십 주야를 비가 땅에 쏟아졌더라
- **창7:23** 지면의 모든 생물을 쓸어버리시니 곧 사람과 가축과 기는 것과 공중의 새까지라 이들은 땅에서 쓸어버림을 당하였으되 오직 노아와 그와 함께 방주에 있던 자들만 남았더라

마태복음 7장 / **좁은문으로 들어가라**

- **마7:13-14** 좁은 문으로 들어가라 멸망으로 인도하는 문은 크고 그 길이 넓어 그리로 들어가는 자가 많고 생명으로 인도하는 문은 좁고 길이 협착하여 찾는 자가 적음이라
- **마7:24-25** 그러므로 누구든지 나의 이 말을 듣고 행하는 자는 그 집을 반석 위에 지은 지혜로운 사람 같으리니 비가 내리고 창수가 나고 바람이 불어 그 집에 부딪치되 무너지지 아니하나니 이는 주추를 반석 위에 놓은 까닭이요

에스라 7장 / **율법을 준행하라**

- **스7:6** 이 에스라가 바벨론에서 올라왔으니 그는 이스라엘의 하나님 여호와께서 주신 모세의 율법에 익숙한 학자로서 그의 하나님 여호와의 도우심을 입음으로 왕에게 구하는 것은 다 받는 자이더니
- **스7:9** 첫째 달 초하루에 바벨론에서 길을 떠났고 하나님의 선한 손의 도우심을 입어 다섯째 달 초하루에 예루살렘에 이르니라
- **스7:10** 에스라가 여호와의 율법을 연구하여 준행하며 율례와 규례를 이스라엘에게 가르치기로 결심하였었더라
- **스7:25** 에스라여 너는 네 손에 있는 네 하나님의 지혜를 따라 네 하나님의 율법을 아는 자를 법관과 재판관을 삼아 강 건너편 모든 백성을 재판하게 하고 그 중 알지 못하는 자는 너희가 가르치라

사도행전 7장 / **복음 전하다가 순교하라**

- **행7:51** 목이 곧고 마음과 귀에 할례를 받지 못한 사람들아 너희도 너희 조상과 같이 항상 성령을 거스르는도다
- **행7:55** 스데반이 성령 충만하여 하늘을 우러러 주목하여 하나님의 영광과 및 예수께서 하나님 우편에 서신 것을 보고
- **행7:59-60** 그들이 돌로 스데반을 치니 스데반이 부르짖어 이르되 주 예수여 내 영혼을 받으시옵소서 하고 무릎을 꿇고 크게 불러 이르되 주여 이 죄를 그들에게 돌리지 마옵소서 이 말을 하고 자니라

묵 상
(연합내용)

각 시대마다 하나님의 뜻을 따라 감당해야 할 영적 사역이 있다.

묵상을 위한 질문

1. 큰 깊음의 샘들이 터지고 하늘의 창문들이 열렸다는 말은 무슨 뜻일까요?

2. 방주 밖에서 홍수로부터 살아남은 생명체는 무엇이 있을까요?

3. 구하라, 찾으라, 문을 두드리라는 말은 어떻게 기도하라는 뜻일까요?

4. 좁은문은 무엇이며 그리로 들어갈 때 감수해야할 세 가지 내용은 무엇일까요?

5. 에스라가 바벨론에서 예루살렘으로 올라온 것은 무엇 때문일까요?

6. 왜 아닥사스다왕은 하나님을 찬양하고 에스라를 전적으로 지원했을까요?

7. 스데반의 복음제시를 요약하면 어떤 내용을 담고 있을까요?

8. 스데반의 복음전파와 순교할 때 부르짖은 기도는 어떤 상관관계가 있을까요?

적 용

1. 나의 기도생활은 성실하고 진실할까요?

2. 나의 전도생활은 성실하고 온전할까요?

기 도

• 오늘 계획하는 모든 일에 하나님의 선한 손의 도우심을 기대하십니까?
• 기도할 때 응답하시며, 순전한 백성으로 구별하시고, 대적에게서 보호하심을 기대하십시오.
• 사명의 길을 가도록 선택하시고 준비하시는 모든 과정은 하나님의 선한 손의 도우심임을 기억하십시오.

8 일차 / 365 감사

맥체인 읽기표: 1월 8일
나의 묵상일: 월 일

- 맥체인성경의 통독구조<8>

1. 파편적으로 듣는 말씀
   우리가 듣는 설교는 설교자의 주관적 선택에 의해 듣게되는 경우가 많다.
   단, 강해설교는 예외일 수 있다.
2. 종합적으로 듣는 말씀
   입체적이고 사면적으로 통독하기 때문에 종합적인 말씀이 될 수 있다.

- 찬송가 | 304장
- 말 씀 | 창세기 8장 / 마태복음 8장 / 에스라 8장 / 사도행전 8장

창세기 8장 / **노아의 번제**

- **창8:1** 하나님이 노아와 그와 함께 방주에 있는 모든 들짐승과 가축을 기억하사 하나님이 바람을 땅 위에 불게 하시매 물이 줄어들었고
- **창8:11** 저녁때에 비둘기가 그에게로 돌아왔는데 그 입에 감람나무 새 잎사귀가 있는지라 이에 노아가 땅에 물이 줄어든 줄을 알았으며
- **창8:17** 너와 함께 한 모든 혈육 있는 생물 곧 새와 가축과 땅에 기는 모든 것을 다 이끌어내라 이것들이 땅에서 생육하고 땅에서 번성하리라 하시매
- **창8:20** 노아가 여호와께 제단을 쌓고 모든 정결한 1) 짐승과 모든 정결한 새 중에서 제물을 취하여 번제로 제단에 드렸더니

마태복음 8장 / **백부장의 고백**

- **마8:3** 예수께서 손을 내밀어 그에게 대시며 이르시되 내가 원하노니 깨끗함을 받으라 하시니 즉시 그의 나병이 깨끗하여진지라
- **마8:10** 예수께서 들으시고 놀랍게 여겨 따르는 자들에게 이르시되 내가 진실로 너희에게 이르노니 이스라엘 중 아무에게서도 이만한 믿음을 보지 못하였노라
- **마8:26** 예수께서 이르시되 어찌하여 무서워하느냐 믿음이 작은 자들아 하시고 곧 일어나사 바람과 바다를 꾸짖으시니 아주 잔잔하게 되거늘

에스라 8장 / **에스라의 금식기도**

- **스8:17-19** 가시뱌 지방으로 보내어 그 곳 족장 잇도에게 나아가게 하고 잇도와 그의 형제 곧 가시뱌 지방에 사는 느디님 사람들에게 할 말을 일러 주고 우리 하나님의 성전을 위하여 섬길 자를 데리고 오라 하였더니 우리 하나님의 선한 손의 도우심을 입고 그들이 이스라엘의 손자 레위의 아들 말리의 자손 중에서 한 명철한 사람을 데려오고 또 세레뱌와 그의 아들들과 형제 십팔 명과 하사뱌와 므라리 자손 중 여사야와 그의 형제와 그의 아들들 이십 명을 데려오고
- **스8:23** 그러므로 우리가 이를 위하여 금식하며 우리 하나님께 간구하였더니 그의 응낙하심을 입었느니라

사도행전 8장 / **내시의 세례**

- **행8:6** 무리가 빌립의 말도 듣고 행하는 표적도 보고 한마음으로 그가 하는 말을 따르더라
- **행8:13** 시몬도 믿고 세례를 받은 후에 전심으로 빌립을 따라다니며 그 나타나는 표적과 큰 능력을 보고 놀라니라
- **행8:26~36** 주의 사자가 빌립에게 말하여 이르되 일어나서 남쪽으로 향하여 예루살렘에서 가사로 내려가는 길까지 가라 하니 그 길은 광야라 ... 길 가다가 물 있는 곳에 이르러 그 내시가 말하되 보라 물이 있으니 내가 세례를 받음에 무슨 거리낌이 있느냐

묵 상
(연합내용)

어려움 속에서 영적으로나 육적으로 해방된 사람은 기쁜 마음으로 감사의 제사를 드린다.

묵상을 위한 질문

1. 하나님이 방주에 탄 모든 존재를 기억하시고 행하신 일은 무엇일까요?

2. 하나님이 홍수심판 이후에 결심하신 두 가지 일은 무엇일까요?

3. 예수님은 많은 병자들을 치료하실 때 그들의 무엇을 보셨을까요?

4. 귀신의 간구를 듣고 돼지 떼에 들어 갈 것을 명령한 예수의 의도는 무엇일까요?

5. 에스라가 레위 사람을 찾은 이유는 무엇일까요?

6. 성전에 드려진 예물이 풍성했던 이유는 무엇일까요?

7. 빌립과 두 사도 베드로와 요한의 공통점은 무엇일까요?

8. 왜 예루살렘에서 간다게 내시를 다시 볼 수 없었을까요?

적 용

1. 내가 어려움으로부터 벗어났을 때 나는 어떤 감사를 해야 할까요?

2. 나의 삶 속에 기적이 일어나려면 누가 함께 하셔야 할까요?

기 도

- 어떤 부분에 하나님의 선한 손의 도우심을 간구하십니까?
- 생육하고 번성함에 있어 하나님의 선한 손의 도우심을 간구하십시오.
- 나의 모든 연약함이 고침받기를 간구하십시오.
- 하나님이여 나를 도우소서!

9 일차 / 365 변화

맥체인 읽기표: 1월 9일
나의 묵상일: 월 일

● 맥체인성경의 통독구조<9>

창세기~역대하 : 만물의 시작과 이스라엘의 시작
에스라~말라기 : 이스라엘의 멸망과 새 시대의 시작
마태복음~요한복음 : 예수의 복음사역과 십자가 구속
사도행전~요한계시록 : 교회의 시작과 선교

● 찬송가 | 546장

● 말 씀 | 창세기 9,10장 / 마태복음 9장 / 에스라 9장 / 사도행전 9장

창세기 9,10장 / 언약을 통한 새 환경

- **창9:2-3** 땅의 모든 짐승과 공중의 모든 새와 땅에 기는 모든 것과 바다의 모든 물고기가 너희를 두려워하며 너희를 무서워하리니 이것들은 너희의 손에 붙였음이니라 모든 산 동물은 너희의 먹을 것이 될지라 채소 같이 내가 이것을 다 너희에게 주노라
- **창9:15-16** 내가 나와 너희와 및 육체를 가진 모든 생물 사이의 내 언약을 기억하리니 다시는 물이 모든 육체를 멸하는 홍수가 되지 아니할지라 무지개가 구름 사이에 있으리니 … 영원한 언약을 기억하리라
- **창10:5** • **창10:8-9**

마태복음 9장 / 치유를 통한 새 생활

- **마9:6** 그러나 인자가 세상에서 죄를 사하는 권능이 있는 줄을 너희로 알게 하려 하노라 하시고 중풍병자에게 말씀하시되 일어나 네 침상을 가지고 집으로 가라 하시니
- **마9:22** 예수께서 돌이켜 그를 보시며 이르시되 딸아 안심하라 네 믿음이 너를 구원하였다 하시니 여자가 그 즉시 구원을 받으니라
- **마9:25** 무리를 내보낸 후에 예수께서 들어가사 소녀의 손을 잡으시매 일어나는지라
- **마9:29**

에스라 9장 / 회개를 통한 새 신앙

- **스9:6-8** 말하기를 나의 하나님이여 내가 부끄럽고 낯이 뜨거워서 감히 나의 하나님을 향하여 얼굴을 들지 못하오니 이는 우리 죄악이 많아 정수리에 넘치고 우리 허물이 커서 하늘에 미침이니이다 우리 조상들의 때로부터 오늘까지 우리의 죄가 심하매 우리의 죄악으로 말미암아 우리와 우리 왕들과 우리 제사장들을 여러 나라 왕들의 손에 넘기사 칼에 죽으며 사로잡히며 노략을 당하며 얼굴을 부끄럽게 하심이 오늘날과 같으니이다 이제 우리 하나님 여호와께서 우리에게 잠시 동안 은혜를 베푸사 얼마를 남겨 두어 피하게 하신 우리를 그 거룩한 처소에 박힌 못과 같게 하시고 우리 하나님이 우리 눈을 밝히사 우리가 종노릇 하는 중에서 조금 소생하게 하셨나이다
- **스9:11-12** • **스9:15**

사도행전 9장 / 체험을 통한 새 변화

- **행9:3-5** 사울이 길을 가다가 다메섹에 가까이 이르더니 홀연히 하늘로부터 빛이 그를 둘러 비추는지라 땅에 엎드러져 들으매 소리가 있어 이르시되 사울아 사울아 네가 어찌하여 나를 박해하느냐 하시거늘 대답하되 주여 누구시니이까 이르시되 나는 네가 박해하는 예수라
- **행9:11-12** 주께서 이르시되 일어나 직가라 하는 거리로 가서 유다의 집에서 다소 사람 사울이라 하는 사람을 찾으라 그가 기도하는 중이니라 그가 아나니아라 하는 사람이 들어와서 자기에게 안수하여 다시 보게 하는 것을 1)보았느니라 하시거늘
- **행9:20-21** • **행9:31**

묵 상 (연합내용)

하나님은 언약과 치유를 통해서 새로운 환경과 삶을 영위할 있도록 변화를 주시고, 회개와 체험을 통해 영적 변화의 삶을 살게 하신다.

묵상을 위한 질문

1. 하나님이 노아와 피조물을 상대로 무지개 언약을 자기 자신에게 맺은 이유는 무엇일까요?

2. 왜 노아에게 저주를 받은 함의 자손에게서 용사가 나왔을까요?

3. 사람이 각종 질병에 걸리는 이유는 무엇일까요?

4. 예수님은 자신 앞에 온 병자들을 치료하실 때 그들에게서 무엇을 찾으셨나요?

5. 이스라엘 백성이 범한 가장 부끄럽고 무서운 죄는 무엇일까요?

6. 이스라엘 백성의 회개를 위한 에스라의 중보기도는 어떤 특징을 갖고 있나요?

7. 구약 성경(특히 토라-모세오경)을 통해 하나님의 강림현상을 잘 알고 있었던 사울은 왜 하늘의 부르심 앞에서 누구냐고 반문했을까요?

8. 사울이 예수를 하나님의 아들이라 전하게 될 때까지 걸린 기간은 얼마였을까요?

적 용

1. 하나님이 내게 주신 약속을 기억하고 의심과 염려없는 확실한 기도를 하라.
2. 예수님에 대한 나의 체험을 회상하고 담대히 복음을 전하는 용기를 얻기 위해 기도하라.

기 도

- 약속하신 번성을 위해 어떤 태도를 가지십니까?
- 번성을 명하신 하나님의 명령에 순종하여 회개의 기도로 나아가십시오.
- 생육하고 번성하라는 명령에 순종하여 날마다 자신을 정결케 하고 영적 자손을 번성시키는 삶을 살아가십시오.

10 일차 / 365 감찰

맥체인 읽기표: 1월 10일
나의 묵상일: 월 일

- **맥체인성경의 통독구조<10>**

맥체인성경의 순서대로!
창세기~역대하 : 만물의 시작과 이스라엘의 시작
마태복음~요한복음 : 예수의 복음사역과 십자가 구속
에스라~말라기 : 이스라엘의 멸망과 새 시대의 시작
사도행전~요한계시록 : 교회의 시작과 선교

- **찬송가** | 598장
- **말 씀** | 창세기 11장 / 마태복음 10장 / 에스라 10장 / 사도행전 10장

창세기 11장 / 인간의 마음을 살피시다

- **창11:3-5** 서로 말하되 자, 벽돌을 만들어 견고히 굽자 하고 이에 벽돌로 돌을 대신하며 역청으로 진흙을 대신하고 또 말하되 자, 성읍과 탑을 건설하여 그 탑 꼭대기를 하늘에 닿게 하여 우리 이름을 내고 온 지면에 흩어짐을 면하자 하였더니 여호와께서 사람들이 건설하는 그 성읍과 탑을 보려고 내려오셨더라
- **창11:28** 하란은 그 아비 데라보다 먼저 고향 갈대아인의 우르에서 죽었더라
- **창11:31** 데라가 그 아들 아브람과 하란의 아들인 그의 손자 롯과 그의 며느리 아브람의 아내 사래를 데리고 갈대아인의 우르를 떠나 가나안 땅으로 가고자 하더니 하란에 이르러 거기 거류하였으며

마태복음 10장 / 제자의 위험을 살피시다

- **마10:2-4** 열두 사도의 이름은 이러하니 베드로라 하는 시몬을 비롯하여 그의 형제 안드레와 세베대의 아들 야고보와 그의 형제 요한, 빌립과 바돌로매, 도마와 세리 마태, 알패오의 아들 야고보와 다대오, 가나나인 시몬 및 가룟 유다 곧 예수를 판 자라
- **마10:16-18** 보라 내가 너희를 보냄이 양을 이리 가운데로 보냄과 같도다 그러므로 너희는 뱀 같이 지혜롭고 비둘기 같이 순결하라 사람들을 삼가라 그들이 너희를 공회에 넘겨 주겠고 그들의 회당에서 채찍질하리라 또 너희가 나로 말미암아 총독들과 임금들 앞에 끌려 가리니 이는 그들과 이방인들에게 증거가 되게 하려 하심이라
- **마10:28-31**

에스라 10장 / 선민의 불법을 살피시다

- **스10:2-3** 엘람 자손 중 여히엘의 아들 스가냐가 에스라에게 이르되 우리가 우리 하나님께 범죄하여 이 땅 이방 여자를 맞이하여 아내로 삼았으나 이스라엘에게 아직도 소망이 있나니 곧 내 주의 교훈을 따르며 우리 하나님의 명령을 떨며 준행하는 자의 가르침을 따라 이 모든 아내와 그들의 소생을 다 내보내기로 우리 하나님과 언약을 세우고 율법대로 행할 것이라
- **스10:9-12** • **스10:15** • **스10:44**

사도행전 10장 / 이방의 제자를 살피시다

- **행10:4** 고넬료가 주목하여 보고 두려워 이르되 주여 무슨 일이니이까 천사가 이르되 네 기도와 구제가 하나님 앞에 상달되어 기억하신 바가 되었으니
- **행10:11-13** 하늘이 열리며 한 그릇이 내려오는 것을 보니 큰 보자기 같고 네 귀를 매어 땅에 드리웠더라 그 안에는 땅에 있는 각종 네 발 가진 짐승과 기는 것과 공중에 나는 것들이 있더라 또 소리가 있으되 베드로야 일어나 잡아 먹어라 하거늘
- **행10:44-48**

묵 상 (연합내용)

하나님은 어느 시대나 사람을 살피시되, 악한 자는 심판하시고 선한 자는 구원하시며 사명을 주신다.

묵상을 위한 질문

1. 하나님을 섬기는 것과 바벨탑을 쌓는 것과는 어떤 관계가 있을까요?

2. 데라가 고향 갈대아 우르를 떠난 이유는 무엇일까요?

3. 예수님은 12제자를 선택하실 때 그들의 무엇을 보셨을까요?

4. 예수님은 제자들에게 두려움의 대상을 어떻게 가르치셨나요?

5. 에스라가 자복하며 회개하였던 죄는 무엇이었나요?

6. 선민이 아내로 맞아들인 이방여인을 다 끊고 떠나보내는 이유는 무엇일까요?

7. 이방사람 고넬료가 기도와 구제를 통하여 하나님께 인정을 받은 것을 볼 때 하나님의 어떤 의도(뜻,섭리)를 엿 볼 수 있을까요?

8. 초대교회시대에 유대인이나 이방인에게 성령을 부어주시면 왜 방언을 말하게 되었을까요?

적 용

1. 성도는 무엇을 회개해야 하며 어떻게 회개해야 하는지 묵상하고 기도하라.
2. 성도는 날마다 어떤 일에 깨어있어야 하는지 묵상하고 기도하라.

기 도

- 하나님 나라 씨의 번성에 대해 어떤 태도를 가지시겠습니까?
- 씨의 번성을 위한 인본주의적 생각을 배제하십시오.
- 씨의 번성을 위한 대사임을 기억하며 성과 마을에 들어가십시오.
- 하나님 나라의 씨로서 정결한 삶을 살아가십시오.

암송 감사기도

11 일차 / 365

약속

맥체인 읽기표: 1월 11일
나의 묵상일: 월 일

• 맥체인성경의 통독구조<11>

드라마 구성을 참고하라.

1. 등장인물 한 사람의 이야기만 계속한다.
2. 일어난 한 사건의 이야기만 계속한다.
3. 다른 한 편에서 일어나는 인물과 사건에도 연관된 내용이 전개된다.
4. 종합적으로 시나리오를 완성한다.

• 찬송가 | 347장

• 말 씀 | 창세기 12장 / 마태복음 11장 / 느헤미야 1장 / 사도행전 11장

창세기 12장 / **하나님의 약속과 보호하심**

• **창12:2~3** 내가 너로 큰 민족을 이루고 네게 복을 주어 네 이름을 창대하게 하리니 너는 복이 될지라 너를 축복하는 자에게는 내가 복을 내리고 너를 저주하는 자에게는 내가 저주하리니 땅의 모든 족속이 너로 말미암아 복을 얻을 것이라 하신지라

• **창12:7** 여호와께서 아브람에게 나타나 이르시되 내가 이 땅을 네 자손에게 주리라 하신지라 자기에게 나타나신 여호와께 그가 그 곳에서 제단을 쌓고

• **창12:17** 여호와께서 아브람의 아내 사래의 일로 바로와 그 집에 큰 재앙을 내리신지라

• **창12:20** 바로가 사람들에게 그의 일을 명하매 그들이 그와 함께 그의 아내와 그의 모든 소유를 보내었더라

마태복음 11장 / **예수님의 약속과 돌보심**

• **마11:5** 맹인이 보며 못 걷는 사람이 걸으며 나병환자가 깨끗함을 받으며 못 듣는 자가 들으며 죽은 자가 살아나며 가난한 자에게 복음이 전파된다 하라

• **마11:7-9** 그들이 떠나매 예수께서 무리에게 요한에 대하여 말씀하시되 너희가 무엇을 보려고 광야에 나갔더냐 바람에 흔들리는 갈대냐 그러면 너희가 무엇을 보려고 나갔더냐 부드러운 옷 입은 사람이냐 부드러운 옷을 입은 사람들은 왕궁에 있느니라 그러면 너희가 어찌하여 나갔더냐 선지자를 보기 위함이었더냐 옳다 내가 너희에게 이르노니 선지자보다 더 나은 자니라

• **마11:16-17** • **마11:28-30**

느헤미야 1장 / **하나님의 약속과 회복하심**

• **느1:5** 이르되 하늘의 하나님 여호와 크고 두려우신 하나님이여 주를 사랑하고 주의 계명을 지키는 자에게 언약을 지키시며 긍휼을 베푸시는 주여 간구하나이다

• **느1:9** 만일 내게로 돌아와 내 계명을 지켜 행하면 너희 쫓긴 자가 하늘 끝에 있을지라도 내가 거기서부터 그들을 모아 내 이름을 두려고 택한 곳에 돌아오게 하리라 하신 말씀을 이제 청하건대 기억하옵소서

• **느1:11** 주여 구하오니 귀를 기울이사 종의 기도와 주의 이름을 경외하기를 기뻐하는 종들의 기도를 들으시고 오늘 종이 형통하여 이 사람 앞에서 은혜를 입게 하옵소서 하였나니 그 때에 내가 왕의 술 관원이 되었느니라

사도행전 11장 / **성령님의 약속과 구원하심**

• **행11:12** 성령이 내게 명하사 아무 의심 말고 함께 가라 하시매 이 여섯 형제도 나와 함께 가서 그 사람의 집에 들어가니

• **행11:15-16** 내가 말을 시작할 때에 성령이 그들에게 임하시기를 처음 우리에게 하신 것과 같이 하는지라 내가 주의 말씀에 요한은 물로 세례를 베풀었으나 너희는 성령으로 세례를 받으리라 하신 것이 생각났노라

• **행11:24** 바나바는 착한 사람이요 성령과 믿음이 충만한 사람이라 이에 큰 무리가 주께 더하여지더라

• **행11:28-30** 주의 사자가

묵 상
(연합내용)

성삼위일체 하나님은 선택한 자를 보호하시고 돌보시며
회복하시고 구원하신다.

묵상을 위한 질문

1. 아브람에게 있어서 고향과 가나안 땅과 애굽은 어떤 의미를 갖을까요?

2. 목숨을 위해 아내를 누이라고 말한 아브람을 왜 하나님은 보호하셨을까요?

3. 예수님은 자신 앞에 나온 무리와 나오지 않는 세대를 어떻게 표현하셨나요?

4. 예수님에게 "화 있을진저!"라고 저주를 받은 동네의 잘못은 무엇일까요?

5. 느헤미야 선지자는 백성의 신앙회복을 위하여 어떤 기도를 드렸을까요?

6. 느헤미야 선지자가 언급한 두 종류의 기도는 무엇일까요?

7. 성령은 어떤 방법으로 이방인을 구원하였나요?

8. 성령은 큰 흉년 때에 제자들을 어떤 방법으로 사용하셨나요?

적 용

1. 우리는 자신과 가정을 위해 어떤 기도를 해야 할까요?

2. 오늘 성령이 이 시대에 우리를 통하여 새로운 방법으로 일하시길 기도해야 합니다.

기 도

- 모든 일에서 하나님께 은혜를 입게 하옵소서.
- 명하는 모든 말씀에 즉각적으로 순종하겠습니다.
- 성령과 함께 행하는 하루 되겠습니다.

암송
감사기도

12 일차 / 365　방향

맥체인 읽기표: 1월 12일
나의 묵상일: 월 일

- 맥체인성경의 통독구조<12>
  1. 일차 사면으로 이해하라.
  2. 이차 네 장의 성경이야기를 핵심본문과 그에 대한 예제의 관계로 이해하라.
- 찬송가 | 435장
- 말 씀 | 창세기 13장 / 마태복음 12장 / 느헤미야 2장 / 사도행전 12장

창세기 13장
다툼을 피하는 쪽으로 이주를 선택함

- **창13:1** 아브람이 애굽에서 그와 그의 아내와 모든 소유와 롯과 함께 네게브로 올라가니
- **창13:3-4** 그가 네게브에서부터 길을 떠나 벧엘에 이르며 벧엘과 아이 사이 곧 전에 장막 쳤던 곳에 이르니 그가 처음으로 제단을 쌓은 곳이라 그가 거기서 여호와의 이름을 불렀더라
- **창13:9** 네 앞에 온 땅이 있지 아니하냐 나를 떠나가라 네가 좌하면 나는 우하고 네가 우하면 나는 좌하리라
- **창13:14-18**

마태복음 12장
영혼을 살리는 쪽으로 사고를바꿈

- **마12:10~12** 한쪽 손 마른 사람이 있는지라 사람들이 예수를 고발하려 하여 물어 이르되 안식일에 병 고치는 것이 옳으니이까 예수께서 이르시되 너희 중에 어떤 사람이 양 한 마리가 있어 안식일에 구덩이에 빠졌으면 끌어내지 않겠느냐 사람이 양보다 얼마나 더 귀하냐 그러므로 안식일에 선을 행하는 것이 옳으니라 하시고
- **마12:28** 그러나 내가 하나님의 성령을 힘입어 귀신을 쫓아내는 것이면 하나님의 나라가 이미 너희에게 임하였느니라
- **마12:30-32** • **마12:50**

느헤미야 2장
성을 세우는 쪽으로 관심을 돌림

- **느2:2-5** 왕이 내게 이르시되 네가 병이 없거늘 어찌하여 얼굴에 수심이 있느냐 이는 필연 네 마음에 근심이 있음이로다 하더라 그 때에 내가 크게 두려워하여 왕께 대답하되 왕은 만세수를 하옵소서 내 조상들의 묘실이 있는 성읍이 이제까지 황폐하고 성문이 불탔사오니 내가 어찌 얼굴에 수심이 없사오리이까 하니 왕이 내게 이르시되 그러면 네가 무엇을 원하느냐 하시기로 내가 곧 하늘의 하나님께 묵도하고 왕에게 아뢰되 왕이 만일 좋게 여기시고 종이 왕의 목전에서 은혜를 얻었사오면 나를 유다 땅 나의 조상들의 묘실이 있는 성읍에 보내어 그 성을 건축하게 하옵소서 하였는데
- **느2:8** • **느2:10** • **느2:17-20**

사도행전 12장
교회를 세우는 쪽으로 생활을 집중함

- **행12:5** 이에 베드로는 옥에 갇혔고 교회는 그를 위하여 간절히 하나님께 기도하더라
- **행12:12-14** 깨닫고 마가라 하는 요한의 어머니 마리아의 집에 가니 여러 사람이 거기에 모여 기도하고 있더라 베드로가 대문을 두드린대 로데라 하는 여자 아이가 영접하러 나왔다가 베드로의 음성인 줄 알고 기뻐하여 문을 미처 열지 못하고 달려 들어가 말하되 베드로가 대문 밖에 섰더라 하니
- **행12:24** 하나님의 말씀은 흥왕하여 더하더라

묵 상
(연합내용)

각 시대의 믿음의 영웅들은 하나님의 뜻에 맞추어
마음과 생활의 방향을 돌렸다.

묵상을 위한 질문

1. 아브람의 거주지와 경건생활은 어떤 관계를 가지고 있을까요?

2. 하나님이 아브람에게 주신 가장 큰 선물은 무엇이었을까요?

3. 예수님은 안식일(주일)에 대해 어떤 성서적 가치관을 갖도록 교훈하셨나요?

4. 예수님은 진정한 가족에 대해 어떤 성서적 가치관을 갖도록 교훈하셨나요?

5. 느헤미야는 자기 하나님의 선한 손이 어떤 일을 하신다고 믿었나요?

6. 느헤미야는 예루살렘성을 건축할 때 반대하는 자들에 대하여 어떻게 행동했나요?

7. 헤롯이 야고보를 죽이고 베드로를 옥에 가둔 이유는 무엇일까요?

8. 교회 지도자에 대한 핍박이 심할 때 마리아와 교회는 어떻게 대처했나요?

적 용

1. 그리스도인은 어떤 신앙인격으로 세상에서 살아가야 하는지 기도합시다.
2. 그리스도인은 신앙생활과 사역을 할 때에 반대에 부딪히면 어떻게 지혜롭게 대처할 수 있는지 기도합시다.

기 도

• 익숙한 것들과의 떠남이 슬픔만은 아님을 기억하고 믿음으로 실행할 것은 무엇이 있습니까?
• 떠남은 새 역사를 위한 걸음임을 기억하고 하나님과 함께, 기도와 말씀과 함께 그 길을 떠나보십시오.
• 새 역사를 위해 기도와 말씀에 더욱 힘쓰십시오.

암송
감사기도

13 일차 / 365 세움

맥체인 읽기표: 1월 13일
나의 묵상일: 월 일

- 맥체인성경의 통독구조<13>

구약과 신약이 짝을 이루어 흥미롭고 풍성하게 읽을 수 있는 구조다.
구약과 신약이 대조를 이루어 의미의 다채로움을 경험하며 읽을 수 있는 구조다.

- 찬송가 | 382장
- 말 씀 | 창세기 14장 / 마태복음 13장 / 느헤미야 3장 / 사도행전 13장

창세기 14장 / **전쟁에서 영적 권위를 세움**

- **창14:8-12** 소돔 왕과 고모라 왕과 아드마 왕과 스보임 왕과 벨라 곧 소알 왕이 나와서 싯딤 골짜기에서 그들과 전쟁을 하기 위하여 진을 쳤더니 엘람 왕 그돌라오멜과 고임 왕 디달과 시날 왕 아므라벨과 엘라살 왕 아리옥 네 왕이 곧 그 다섯 왕과 맞서니라 싯딤 골짜기에는 역청 구덩이가 많은지라 소돔 왕과 고모라 왕이 달아날 때에 그들이 거기 빠지고 그 나머지는 산으로 도망하매 네 왕이 소돔과 고모라의 모든 재물과 양식을 빼앗아 가고 소돔에 거주하는 아브람의 조카 롯도 사로잡고 그 재물까지 노략하여 갔더라
- **창14:14~16** • **창14:18~20**

마태복음 13장 / **세상에서 영원한 천국을 세움**

- **마13:11-13** 대답하여 이르시되 천국의 비밀을 아는 것이 너희에게는 허락되었으나 그들에게는 아니되었나니 무릇 있는 자는 받아 넉넉하게 되되 없는 자는 그 있는 것도 빼앗기리라 그러므로 내가 그들에게 비유로 말하는 것은 그들이 보아도 보지 못하며 들어도 듣지 못하며 깨닫지 못함이니라
- **마13:44** 천국은 마치 밭에 감추인 보화와 같으니 사람이 이를 발견한 후 숨겨 두고 기뻐하며 돌아가서 자기의 소유를 다 팔아 그 밭을 사느니라
- **마13:18-23** • **마13:31-33**

느헤미야 3장 / **가난 중에 성벽을 세움**

- **느3:1** 그 때에 대제사장 엘리아십이 그의 형제 제사장들과 함께 일어나 양문을 건축하여 성별하고 문짝을 달고 또 성벽을 건축하여 함메아 망대에서부터 하나넬 망대까지 성별하였고
- **느3:3** 어문은 하스나아의 자손들이 건축하여 그 들보를 얹고 문짝을 달고 자물쇠와 빗장을 갖추었고
- **느3:6** 옛 문은 바세아의 아들 요야다와 브소드야의 아들 므술람이 중수하여 그 들보를 얹고 문짝을 달고 자물쇠와 빗장을 갖추었고
- **느3:13-15** • **느3:26** • **느3:28-29**

사도행전 13장 / **이방에 보낼 선교사를 세움**

- **행13:2-3** 주를 섬겨 금식할 때에 성령이 이르시되 내가 불러 시키는 일을 위하여 바나바와 사울을 따로 세우라 하시니 이에 금식하며 기도하고 두 사람에게 안수하여 보내니라
- **행13:13-14** 바울과 및 동행하는 사람들이 바보에서 배 타고 밤빌리아에 있는 버가에 이르니 요한은 그들에게서 떠나 예루살렘으로 돌아가고 그들은 버가에서 더 나아가 비시디아 안디옥에 이르러 안식일에 회당에 들어가 앉으니라
- **행13:6-12** • **행13:44-46**

묵상 (연합내용)

하나님의 자녀는 세상의 침략자와 죄인, 그리고 정복자와 우상숭배자로부터 영혼을 구출하여 새로운 주의 나라를 세운다.

묵상을 위한 질문

1. 아브람이 적은 인원으로 연합군과의 전쟁에서 이긴 것은 어떤 힘 때문일까요?

2. 아브람은 왜 지극히 높으신 하나님의 제사장에게 얻은 것의 1/10을 드렸나요?

3. 씨뿌리는 비유를 통해 볼 때 천국은 어디에서부터 시작될까요?

4. 예수님은 천국의 일곱 비유를 통해 천국의 어떤 모습(특성)을 보여 주셨나요?

5. 포로에서 돌아와 예루살렘 성벽을 세운 사람들의 특징(성별,직업,빈부 등)은 어떠했나요?

6. 예루살렘 성벽을 중수할 때 공사를 분담하지 않은 자들은 누구일까요?

7. 바울이 예수님을 전할 때 가지고 있었던 확실한 것 세 가지는 무엇일까요?

8. 성령이 충만한 바울은 거짓 선지자인 마술사 바예수에게 어떤 은사를 사용했나요?

적 용

1. 아브람처럼 담대함을 주옵소서.
2. 하나님의 나라인 천국을 사모하게 하옵소서.
3. 교회를 세우기 위해 조건을 초월하여 헌신하게 하옵소서.
4. 전도할 때 은사와 능력이 나타나게 하옵소서.

기 도

- 하나님 나라의 백성으로 하나님 나라를 이루어가기 위해 선택해야 할 것은 무엇입니까?
- 천국은 침노하는 자의 것이라고 했습니다. 적극적이고 긍정적이며 능동적으로 하나님 나라를 이루어 가기 위해 취할 행동을 생각해 보세요.
- 하나님 나라의 비밀을 삶에 적용해보세요.

암송 감사기도

14 일차 / 365

믿음

맥체인 읽기표: 1월 14일
나의 묵상일: 월 일

- 맥체인성경의 통독구조<14>
  하나님의 구원의 역사를 한 눈에 볼 수 있도록 구성되어 있다.
  세상을 향한 하나님의 마음과 생각을 폭넓게 연상할 수 있도록 구성되어 있다.
- 찬송가 | 300장
- 말 씀 | 창세기 15장 / 마태복음 14장 / 느헤미야 4장 / 사도행전 14장

창세기 15장 / 아브람이 하나님을 믿음

- **창15:1** 이 후에 여호와의 말씀이 환상 중에 아브람에게 임하여 이르시되 아브람아 두려워하지 말라 나는 네 방패요 너의 지극히 큰 상급이니라
- **창15:5-7** 그를 이끌고 밖으로 나가 이르시되 하늘을 우러러 뭇별을 셀 수 있나 보라 또 그에게 이르시되 네 자손이 이와 같으리라 아브람이 여호와를 믿으니 여호와께서 이를 그의 의로 여기시고또 그에게 이르시되 나는 이 땅을 네게 주어 소유를 삼게 하려고 너를 갈대아인의 우르에서 이끌어 낸 여호와니라
- **창15:17-18** 해가 져서 어두울 때에 연기 나는 화로가 보이며 타는 횃불이 쪼갠 고기 사이로 지나더라 그 날에 여호와께서 아브람과 더불어 언약을 세워 이르시되 내가 이 땅을 애굽 강에서부터 그 큰 강 유브라데까지 네 자손에게 주노니

마태복음 14장 / 제자들이 예수님을 믿음

- **마14:15-18** 저녁이 되매 제자들이 나아와 이르되 이 곳은 빈 들이요 때도 이미 저물었으니 무리를 보내어 마을에 들어가 먹을 것을 사 먹게 하소서 예수께서 이르시되 갈 것 없다 너희가 먹을 것을 주라 제자들이 이르되 여기 우리에게 있는 것은 떡 다섯 개와 물고기 두 마리뿐이니이다 이르시되 그것을 내게 가져오라 하시고
- **마14:25-33** 밤 사경에 예수께서 바다 위로 걸어서 제자들에게 오시니 제자들이 그가 바다 위로 걸어오심을 보고 놀라 유령이라 하며 무서워하여 소리 지르거늘 예수께서 즉시 이르시되 안심하라 나니 두려워하지 말라 베드로가 대답하여 이르되 주여 만일 주님이시거든 나를 명하사 물 위로 오라 하소서 하니 오라 하시니…

느헤미야 4장 / 훼방 중에도 성벽을 중수하는 믿음

- **느4:1-3** 산발랏이 우리가 성을 건축한다 함을 듣고 크게 분노하여 유다 사람들을 비웃으며 자기 형제들과 사마리아 군대 앞에서 일러 말하되 이 미약한 유다 사람들이 하는 일이 무엇인가, 스스로 견고하게 하려는가, 제사를 드리려는가, 하루에 일을 마치려는가 불탄 돌을 흙 무더기에서 다시 일으키려는가 하고 암몬 사람 도비야는 곁에 있다가 이르되 그들이 건축하는 돌 성벽은 여우가 올라가도 곧 무너지리라 하더라
- **느4:6** 이에 우리가 성을 건축하여 전부가 연결되고 높이가 절반에 이르렀으니 이는 백성이 마음 들여 일을 하였음이니라
- **느4:9** • **느4:13-14** • **느4:15-20**

사도행전 14장 / 핍박 중에도 전파하는 믿음

- **행14:1** 이에 이고니온에서 두 사도가 함께 유대인의 회당에 들어가 말하니 유대와 헬라의 허다한 무리가 믿더라
- **행14:8-10** 루스드라에 발을 쓰지 못하는 한 사람이 앉아 있는데 나면서 걷지 못하게 되어 걸어 본 적이 없는 자라 바울이 말하는 것을 듣거늘 바울이 주목하여 구원 받을 만한 믿음이 그에게 있는 것을 보고 큰 소리로 이르되 네 발로 바로 일어서라 하니 그 사람이 일어나 걷는지라
- **행14:22** • **행14:27-28**

묵 상 (연합내용)

하나님의 약속과 예수님의 기적, 포로에서 돌아오게 하심과 성령의 충만함으로, 하나님의 사람은 어떠한 상황 속에서도 믿음의 삶을 산다.

묵상을 위한 질문

1. 하나님이 아브람을 언약과 예언으로 축복하실 때 아브람은 무엇으로 응답했나요?

2. 왜 하나님은 아브람에게 후손이 이방에서 400년 동안 괴롭힘을 당할 것이라고 예언해 주셨나요?

3. 예수님이 오병이어의 기적을 행하신 이유는 무엇일까요?

4. 예수님이 물 위를 걸으신 이유는 무엇일까요?

5. 예루살렘 성벽을 중수할 때 내적 외적 방해를 극복할 힘은 무엇이었나요?

6. 느헤미야의 신앙과 성벽 중수 즉 나라사랑은 어떤 관계를 가지고 있을까요?

7. 바울도 스데반처럼 돌에 맞아 죽게 되었는데, 다음 날 거뜬히 일어나 복음을 전한 힘은 어디에서 왔을까요?

8. 앉은뱅이를 일으킴으로 제우스와 헤르메스 신으로 여겨졌던 바나바와 바울에게, 왜 고난과 핍박은 사라지지 않고 계속 되었을까요?

적 용

1. 하나님, 나에게도 언약으로 말씀하여 주옵소서.
2. 신앙생활과 사역을 하는 중에 주님의 기적을 체험하게 하옵소서.
3. 신앙생활과 사역을 하는 중에 고난이 다가와도 능히 이기게 하옵소서.

기 도

• 오직 하나님만을 믿는 믿음에 서 있는가?
• 믿음의 증거가 내 삶에서 나타나고 있는가?

암송 감사기도

15 일차 / 365 정돈

맥체인 읽기표: 1월 15일
나의 묵상일: 월 일

- 맥체인성경의 통독구조<15>

성경 66권은 1,600년이 넘는 긴 세월 동안 성령의 감동을 입은 각 시대의 사람들이 각기 다른 장소에서 기록한 것을 정경화한 것이다. 그럼에도 불구하고 놀랍게도 제각각 짝이 있고 통일된 주제와 일관된 메시지를 전한다. 이것은 우연이 아니며 하나님이 저자이심을 말씀하고 있다. 따라서 새로운 편집방식으로 읽을 때 더 깊은 감동을 경험할 수 있다.

- 찬송가 | 538장
- 말 씀 | 창세기 16장 / 마태복음 15장 / 느헤미야 5장 / 사도행전 15장

창세기 16장 / 가정의 갈등을 정돈함

- **창16:2-3** 사래가 아브람에게 이르되 여호와께서 내 출산을 허락하지 아니하셨으니 원하건대 내 여종에게 들어가라 내가 혹 그로 말미암아 자녀를 얻을까 하노라 하매 아브람이 사래의 말을 들으니라 아브람의 아내 사래가 그 여종 애굽 사람 하갈을 데려다가 그 남편 아브람에게 첩으로 준 때는 아브람이 가나안 땅에 거주한 지 십 년 후였더라
- **창16:5-6** 사래가 아브람에게 이르되 내가 받는 모욕은 당신이 받아야 옳도다 내가 나의 여종을 당신의 품에 두었거늘 그가 자기의 임신함을 알고 나를 멸시하니 당신과 나 사이에 여호와께서 판단하시기를 원하노라 아브람이 사래에게 이르되 당신의 여종은 당신의 수중에 있으니 당신의 눈에 좋을 대로 그에게 행하라 하매 사래가 하갈을 학대하였더니 하갈이 사래 앞에서 도망하였더라
- **창16:8-11** • **창16:13**

마태복음 15장 / 장로의 전통을 정돈함

- **마15:2-3** 당신의 제자들이 어찌하여 장로들의 전통을 범하나이까 떡 먹을 때에 손을 씻지 아니하나이다 대답하여 이르시되 너희는 어찌하여 너희의 전통으로 하나님의 계명을 범하느냐
- **마15:11** 입으로 들어가는 것이 사람을 더럽게 하는 것이 아니라 입에서 나오는 그것이 사람을 더럽게 하는 것이니라
- **마15:17-20** 입으로 들어가는 모든 것은 배로 들어가서 뒤로 내버려지는 줄 알지 못하느냐 입에서 나오는 것들은 마음에서 나오나니 이것이야 말로 사람을 더럽게 하느니라 마음에서 나오는 것은 악한 생각과 살인과 간음과 음란과 도둑질과 거짓 증언과 비방이니 이런 것들이 사람을 더럽게 하는 것이요 씻지 않은 손으로 먹는 것은 사람을 더럽게 하지 못하느니라
- **마15:22** • **마15:27-18**

느헤미야 5장 / 가난의 문제를 정돈함

- **느5:5-13** 우리 육체도 우리 형제의 육체와 같고 우리 자녀도 그들의 자녀와 같거늘 이제 우리 자녀를 종으로 파는도다 우리 딸 중에 벌써 종된 자가 있고 우리의 밭과 포도원이 이미 남의 것이 되었으나 우리에게는 아무런 힘이 없도다 하더라 … 더구나 우리의 손에 팔리게 하겠느냐 하매 그들이 잠잠하여 말이 없기로 내가 또 이르기를 너희의 소행이 좋지 못하도다 우리의 대적 이방 사람의 비방을 생각하고 우리 하나님을 경외하는 가운데 행할 것이 아니냐

사도행전 15장 / 할례의 문제를 정돈함

- **행15:1-4** 어떤 사람들이 유대로부터 내려와서 형제들을 가르치되 너희가 모세의 법대로 할례를 받지 아니하면 능히 구원을 받지 못하리라 하니 바울 및 바나바와 그들 사이에 적지 아니한 다툼과 변론이 일어난지라 형제들이 이 문제에 대하여 바울과 바나바와 및 그 중의 몇 사람을 예루살렘에 있는 사도와 장로들에게 보내기로 작정하니라…
- **행15:6-11** • **행15:24-25** • **행15:28-29**

묵 상 (연합내용)

하나님은 각 시대에 하나님의 뜻을 훼방하는 각종 문제를 영적 지도자를 통해서 정돈하셨다.

묵상을 위한 질문

1. 하갈의 멸시와 사래의 학대인 서로간의 갈등문제는 무엇 때문에 일어났나요?

2. 하나님이 하갈의 아들 이스마엘 후손에게 창대한 복을 약속하신 이유는 무엇일까요?

3. 바리새인과 서기관들의 장로적 전통이 오늘날 무엇과 비슷할까요?

4. 예수님은 자신을 찾아온 자들의 영적 귀신들림과 육적 배고픔을 어떻게 해결해 주셨나요?

5. 느헤미야는 백성들의 가난의 원인을 어디에 있다고 보았나요?

6. 느헤미야가 유다 땅 총독으로 세움을 받았을 때에 아닥사스다 왕이 주는 녹을 받지 않은 이유는 무엇일까요?

7. 이방 선교에 가장 큰 장애가 되었던 할례를 폐지하는데 근거가 되었던 것은 무엇이었나요?

8. 바울과 바나바가 선교를 떠나려 할 때 다툼이 일어난 원인과 해결책은 무엇이었나요?

적 용

1. 우리 가정의 갈등을 하나님이 간섭하여 주옵소서.
2. 자신에게 굳어진 전통을 깨닫게 하시고 내려놓을 수 있는 열린 마음을 주옵소서.
3. 주의 사역을 하는데 가장 장애가 되는 것을 발견하고 대안을 찾게 하옵소서.

기 도

- 믿음은 약속 뒤에 오는 부정의 환경을 인내함으로 넘어가는 것입니다.
- 하나님의 약속이 있었지만 성취되지 않음으로 실망하지 마십시오. 인내하며 기다리십시오.
- 믿음으로 왕이신 예수님과 동행하십시오. 믿음의 열매들이 있게 됩니다.
- 믿음으로 자신에게 주어진 기득권을 내려놓고, 믿음으로 장애들을 극복하시기 바랍니다.

16 일차 / 365 표적

맥체인 읽기표: 1월 16일
나의 묵상일: 월 일

● 맥체인성경의 통독구조<16>

신구약성경 전체를 4등분으로 하루에 4장씩 동시에 읽으면 성경에 기록된 장구한 하나님의 구원의 역사를 크게 네 시대로 나누어 동시에 묵상할 수 있는 구조다.

● 찬송가 | 407장

● 말 씀 | 창세기 17장 / 마태복음 16장 / 느헤미야 6장 / 사도행전 16장

창세기 17장 / 언약의 표적으로 할례를 제정

- **창17:9-12** 하나님이 또 아브라함에게 이르시되 그런즉 너는 내 언약을 지키고 네 후손도 대대로 지키라 너희 중 남자는 다 할례를 받으라 이것이 나와 너희와 너희 후손 사이에 지킬 내 언약이니라 너희는 포피를 베어라 이것이 나와 너희 사이의 언약의 표징이니라 너희의 대대로 모든 남자는 집에서 난 자나 또는 너희 자손이 아니라 이방 사람에게서 돈으로 산 자를 막론하고 난 지 팔 일 만에 할례를 받을 것이라
- **창17:15-16** 하나님이 또 아브라함에게 이르시되 네 아내 사래는 이름을 사래라 하지 말고 사라라 하라 내가 그에게 복을 주어 그가 네게 아들을 낳아 주게 하며 내가 그에게 복을 주어 그를 여러 민족의 어머니가 되게 하리니 민족의 여러 왕이 그에게서 나리라
- **창17:19** • **창17:21** • **창17:26-27**

마태복음 16장 / 요나의 표적으로 교회를 세움

- **마16:4** 악하고 음란한 세대가 표적을 구하나 요나의 표적 밖에는 보여 줄 표적이 없느니라 하시고 그들을 떠나 가시니라
- **마16:16-18** 시몬 베드로가 대답하여 이르되 주는 그리스도시요 살아 계신 하나님의 아들이시니이다 예수께서 대답하여 이르시되 바요나 시몬아 네가 복이 있도다 이를 네게 알게 한 이는 혈육이 아니요 하늘에 계신 내 아버지시니라 또 내가 네게 이르노니 너는 베드로라 내가 이 반석 위에 내 교회를 세우리니 음부의 권세가 이기지 못하리라
- **마16:24** 이에 예수께서 제자들에게 이르시되 누구든지 나를 따라오려거든 자기를 부인하고 자기 십자가를 지고 나를 따를 것이니라

느헤미야 6장 / 성벽중수가 임재의 표적이 됨

- **느6:5-9** 산발랏이 다섯 번째는 그 종자의 손에 봉하지 않은 편지를 들려 내게 보냈는데 그 글에 이르기를 이방 중에도 소문이 있고 가스무도 말하기를 너와 유다 사람들이 모반하려 하여 성벽을 건축한다 하나니 네가 그 말과 같이 왕이 되려 하는도다 … 그런즉 너는 이제 오라 함께 의논하자 하였기로 내가 사람을 보내어 그에게 이르기를 네가 말한 바 이런 일은 없는 일이요 네 마음에서 지어낸 것이라 하였나니 이는 그들이 다 우리를 두렵게 하고자 하여 말하기를 그들의 손이 피곤하여 역사를 중지하고 이루지 못하리라 함이라 이제 내 손을 힘있게 하옵소서 하였노라
- **느6:11-12** • **느6:14-16**

사도행전 16장 / 사역열매가 임재의 표적이 됨

- **행16:1-2** 바울이 더베와 루스드라에도 이르매 거기 디모데라 하는 제자가 있으니 그 어머니는 믿는 유대 여자요 아버지는 헬라인이라 디모데는 루스드라와 이고니온에 있는 형제들에게 칭찬 받는 자니
- **행16:6-7** 성령이 아시아에서 말씀을 전하지 못하게 하시거늘 그들이 브루기아와 갈라디아 땅으로 다녀가 무시아 앞에 이르러 비두니아로 가고자 애쓰되 예수의 영이 허락하지 아니하시는지라
- **행16:9-10** • **행16:14** • **행16:37-40**

묵 상 (연합내용)

하나님은 매 시대마다 주의 일을 하는 자들에게 표적을 주심으로 흔들리지 않게 하셨다.

묵상을 위한 질문

1. 하나님이 아브람에게 언약의 표징으로 주신 두 가지는 무엇일까요?

2. 아브람이 이스마엘을 낳은지 13년 뒤에 하나님은 어떤 기적을 보여 주셨나요?

3. 예수님이 보여주신 요나의 표적은 무엇이며 그 결과 무엇이 세워졌나요?

4. 예수님이 베드로의 신앙고백 위에 교회를 세우신 가장 큰 이유는 무엇일까요?

5. 많은 음모가운데서도 결국 성벽건축 역사를 마친 것은 어떤 은혜 때문일까요?

6. 산발랏과 도비야의 간교한 계략은 오늘날 교회사역에 어떤 교훈을 줄까요?

7. 바울에게 있어서 디모데와 루디아는 어떤 존재였을까요?

8. 바울은 복음사역을 하다가 고난을 당할 때 로마시민권을 어떻게 사용했나요?

적 용

1. 하나님, 우리에게도 견고한 신앙생활을 위해 표징을 주옵소서.
2. 맡겨주신 교회를 세우기 위해 자기 십자가를 피하지 않게 하옵소서.
3. 우리에게 아름다운 동역자인 제자들을 주옵소서.

기 도

- 우리는 하나님 나라의 씨입니다.
- 오직 예수 그리스도를 믿고 그분을 그리스도요 하나님의 아들로 고백합니다.
- 오늘도 성령의 인도하심을 따라 구원의 백성을 만나기를 기뻐하세요.

암송 감사기도

17 일차 / 365 탁월

맥체인 읽기표: 1월 17일
나의 묵상일: 월 일

- **맥체인성경의 통독구조<17>**
  신구약성경 전체를 4시대 구분으로 하루에 4장씩 동시에 읽으면 각 시대별로 또한 거시적인 안목으로 하나님의 구속 역사를 역동적으로 묵상할 수 있는 구조다.
- **찬송가** | 569장
- **말 씀** | 창세기 18장 / 마태복음 17장 / 느헤미야 7장 / 사도행전 17장

창세기 18장 / 아브라함 중보기도의 탁월함

- **창18:9-10** 그들이 아브라함에게 이르되 네 아내 사라가 어디 있느냐 대답하되 장막에 있나이다 그가 이르시되 내년 이맘때 내가 반드시 네게로 돌아오리니 네 아내 사라에게 아들이 있으리라 하시니 사라가 그 뒤 장막 문에서 들었더라
- **창18:14** 여호와께 능하지 못한 일이 있겠느냐 기한이 이를 때에 내가 네게로 돌아오리니 사라에게 아들이 있으리라
- **창18:23-26** 아브라함이 가까이 나아가 이르되 주께서 의인을 악인과 함께 멸하려 하시나이까 그 성 중에 의인 오십 명이 있을지라도 주께서 그 곳을 멸하시고 그 오십 의인을 위하여 용서하지 아니하시리이까 … 여호와께서 이르시되 내가 만일 소돔 성읍 가운데에서 의인 오십 명을 찾으면 그들을 위하여 온 지역을 용서하리라

마태복음 17장 / 베드로의 은혜결단의 탁월함

- **마17:1-3** 엿새 후에 예수께서 베드로와 야고보와 그 형제 요한을 데리시고 따로 높은 산에 올라가셨더니 그들 앞에서 변형되사 그 얼굴이 해 같이 빛나며 옷이 빛과 같이 희어졌더라 그 때에 모세와 엘리야가 예수와 더불어 말하는 것이 그들에게 보이거늘
- **마17:5** 말할 때에 홀연히 빛난 구름이 그들을 덮으며 구름 속에서 소리가 나서 이르시되 이는 내 사랑하는 아들이요 내 기뻐하는 자니 너희는 그의 말을 들으라 하시는지라
- **마17:11-12** 예수께서 대답하여 이르시되 엘리야가 과연 먼저 와서 모든 일을 회복하리라 내가 너희에게 말하노니 엘리야가 이미 왔으되 사람들이 알지 못하고 임의로 대우하였도다 인자도 이와 같이 그들에게 고난을 받으리라 하시니

느헤미야 7장 / 돌아온 자들의 헌신의 탁월함

- **느7:2** 내 아우 하나니와 영문의 관원 하나냐가 함께 예루살렘을 다스리게 하였는데 하나냐는 충성스러운 사람이요 하나님을 경외함이 무리 중에서 뛰어난 자라
- **느7:5-7** 내 하나님이 내 마음을 감동하사 귀족들과 민장들과 백성을 모아 그 계보대로 등록하게 하시므로 내가 처음으로 돌아온 자의 계보를 얻었는데 … 예루살렘과 유다에 돌아와 각기 자기들의 성읍에 이른 자들 곧 스룹바벨과 예수아와 느헤미야와 아사랴와 라아먀와 나하마니와 모르드개와 빌산과 미스베렛과 비그왜와 느훔과 바아나와 함께 나온 이스라엘 백성의 명수가 이러하니라
- **느7:70-72** • **느7:73**

사도행전 17장 / 베뢰아인의 영적 자세의 탁월함

- **행17:4** 그 중의 어떤 사람 곧 경건한 헬라인의 큰 무리와 적지 않은 귀부인도 권함을 받고 바울과 실라를 따르나
- **행17:11-12** 베뢰아에 있는 사람들은 데살로니가에 있는 사람들보다 더 너그러워서 간절한 마음으로 말씀을 받고 이것이 그러한가 하여 날마다 성경을 상고하므로 그 중에 믿는 사람이 많고 또 헬라의 귀부인과 남자가 적지 아니하나
- **행17:17** 회당에서는 유대인과 경건한 사람들과 또 장터에서는 날마다 만나는 사람들과 변론하니
- **행17:19-21** • **행17:32-34**

묵 상
(연합내용)

은혜를 사모하는 자들에게는 놀라운 체험이 있고 그 체험을 한 자들에게는 탁월한 영적 고백과 자세가 있다.

묵상을 위한 질문

1. 아브라함과 사라가 이삭잉태의 예고를 받았을 때 웃은 이유는 무엇일까요?

2. 아브라함의 소돔을 향한 50의인 중보기도는 어떤 판단에서 기인한 것일까요?

3. 예수님의 변화사건을 체험한 베드로는 왜 초막 셋을 짓자고 했을까요?

4. 예수님이 베드로에게 물고기를 잡아 입 속에 있는 한 세겔로 세금을 내라고 말씀하신 이유는 무엇일까요?

5. 예루살렘으로 돌아와 성벽을 중수한 자들은 어떤 신분을 갖고 있었나요?

6. 느헤미야가 돌아온 자의 계보와 수를 기록한 이유는 무엇일까요?

7. 바울이 전도할 때에 가장 많이 사용된 방법은 무엇일까요?

8. 바울의 복음제시 내용의 요점은 무엇일까요?

적 용

1. 삶 속에 놀라운 기적을 주옵소서.
2. 남을 위한 중보기도를 작정하게 하옵소서.
3. 날마다 은혜를 체험하게 하시고 최선을 다한 복음전파에 뛰어 들게 하옵소서.

기 도

- 하나님은 우리 각 사람을 택하여 하나님의 도를 지켜 의와 공도를 행하게 하려 하십니다.
- 하나님 나라의 왕이신 예수 그리스도만을 바라보고 있습니까?
- 그의 말씀을 날마다 상고하고, 충성스러울 뿐 아니라 하나님을 경외하며 살아가십시오.

18 일차 / 365 개입

맥체인 읽기표: 1월 18일
나의 묵상일: 월 일

- 맥체인성경의 통독구조<18>

4장 본문을 읽고 4시대 가운데 나타나는 하나님의 역사에 대해 공통주제와 사상을 찾은 후 그 핵심단어를 서로 링크하는 구조이다.

- 찬송가 | 262장
- 말 씀 | 창세기 19장 / 마태복음 18장 / 느헤미야 8장 / 사도행전 18장

창세기 19장 / 롯을 구원하기 위해 개입하심

- **창19:1-3** 저녁 때에 그 두 천사가 소돔에 이르니 마침 롯이 소돔 성문에 앉아 있다가 그들을 보고 일어나 영접하고 땅에 엎드려 절하며 이르되 내 주여 돌이켜 종의 집으로 들어와 발을 씻고 주무시고 일찍이 일어나 갈 길을 가소서 그들이 이르되 아니라 우리가 거리에서 밤을 새우리라 롯이 간청하매 그제서야 돌이켜 그 집으로 들어오는지라 롯이 그들을 위하여 식탁을 베풀고 무교병을 구우니 그들이 먹으니라
- **창19:7-8** • **창19:10-11** • **창19:15-17** • **창19:29**

마태복음 18장 / 죄를 용서하시위해 개입하심

- **마18:3-6** 이르시되 진실로 너희에게 이르노니 너희가 돌이켜 어린 아이들과 같이 되지 아니하면 결단코 천국에 들어가지 못하리라 그러므로 누구든지 이 어린 아이와 같이 자기를 낮추는 사람이 천국에서 큰 자니라 또 누구든지 내 이름으로 이런 어린 아이 하나를 영접하면 곧 나를 영접함이니 누구든지 나를 믿는 이 작은 자 중 하나를 실족하게 하면 차라리 연자 맷돌이 그 목에 달려서 깊은 바다에 빠뜨려지는 것이 나으니라
- **마18:10** • **마18:14** • **마18:18-20** • **마18:21-22**
- **마18:35**

느헤미야 8장 / 은혜를 주시기위해 개입하심

- **느8:2-3** 일곱째 달 초하루에 제사장 에스라가 율법책을 가지고 회중 앞 곧 남자나 여자나 알아들을 만한 모든 사람 앞에 이르러 수문 앞 광장에서 새벽부터 정오까지 남자나 여자나 알아들을 만한 모든 사람 앞에서 읽으매 뭇 백성이 그 율법책에 귀를 기울였는데
- **느8:5-6** 에스라가 모든 백성 위에 서서 그들 목전에 책을 펴니 책을 펼 때에 모든 백성이 일어서니라 에스라가 위대하신 하나님 여호와를 송축하매 모든 백성이 손을 들고 아멘 아멘 하고 응답하고 몸을 굽혀 얼굴을 땅에 대고 여호와께 경배하니라
- **느8:8-10** • **느8:12** • **느8:18**

사도행전 18장 / 교회를 세우기 위해 개입하심

- **행18:1-3** 그 후에 바울이 아덴을 떠나 고린도에 이르러 아굴라라 하는 본도에서 난 유대인 한 사람을 만나니 글라우디오가 모든 유대인을 명하여 로마에서 떠나라 한 고로 그가 그 아내 브리스길라와 함께 이달리야로부터 새로 온지라 바울이 그들에게 가매 생업이 같으므로 함께 살며 일을 하니 그 생업은 천막을 만드는 것이더라
- **행18:7-11** 거기서 옮겨 하나님을 경외하는 디도 유스도라 하는 사람의 집에 들어가니 그 집은 회당 옆이라 또 회당장 그리스보가 온 집안과 더불어 주를 믿으며 수많은 고린도 사람도 듣고 믿어 세례를 받더라… • **행18:24-28**

묵 상 (연합내용)

하나님은 각 시대에 구원과 용서, 은혜와 교회를 위해 상황 속에 개입하심으로 놀라운 역사를 이루신다.

묵상을 위한 질문

1. 아브라함과 롯이 자신 앞에 나타난 하나님의 사람을 대접할 때 그 차이점은 무엇일까요?

2. 아브라함이 애굽에서 사라를 누이라고 한 점과 롯이 두 딸을 소돔사람에게 내어주겠다고 한 점은 어떤 공통점과 차이점이 있을까요?

3. 예수님을 믿는 작은 자 중 하나를 실족하게 하면 차라리 연자맷돌을 누구 목에 달라고 하셨나요?

4. 예수님이 제자들에게 가르쳐 주신 참된 용서는 어떻게 하는 것일까요?

5. 성벽중수를 마친 귀환백성들은 학사 에스라에게 무엇을 요청하였나요?

6. 율법의 말씀을 밝히 알게된 귀환백성들은 왜 다시 초막을 지었을까요?

7. 하나님은 바울을 통해 고린도교회를 세우시기 위해 어떤 사람들을 만나게 하셨나요?

8. 알렉산드리아 출신 아볼로는 어떤 재능을 가졌으며 누구의 도움을 받아 복음을 전했나요?

적 용

1. 아브라함과 롯처럼 주의 사자를 영접하고 나를 향한 주의 뜻을 알게 하옵소서.
2. 나로 하여금 실족하는 자들이 없게 하옵소서.
3. 맡겨주신 교회를 힘껏 세우기 위해 말씀과 동역자를 더 가까이하게 하옵소서.

기 도

• 하나님의 구원 계획은 은혜 자체입니다. 아브라함을 보시고 롯을 구원하심, 일곱 번을 일흔 번까지 용서하심으로 구원하심, 말씀을 듣고 아멘으로 응답하게 하심, 거주하는 성에 구원받을 백성을 남겨 두심이 그렇습니다.
• 하나님의 구원의 은혜를 깊이 생각하며 오늘도 용서를 실천하고, 구원 얻을 자를 찾아나서 보십시오.

19 일차 / 365 개입(2)

맥체인 읽기표: 1월 19일
나의 묵상일: 월 일

• 맥체인성경의 통독구조<19>

신구약 4장을 동시에 읽으면 전혀 다른 배경과 내용이 나온다. 그 곳에서 공통점을 찾으면 주님의 입체적으로 일하심을 발견하게 된다. 따라서 지금 우리의 기도와 실천도 다양하게 응용하여 주어진 삶에 적용할 수 있는 구조다.

• 찬송가 | 604장

• 말 씀 | 창세기 20장 / 마태복음 19장 / 느헤미야 9장 / 사도행전 19장

창세기 20장
언약의 씨를 지키기 위해 개입

- **창20:1-3** 아브라함이 거기서 네게브 땅으로 옮겨가 가데스와 술 사이 그랄에 거류하며 그의 아내 사라를 자기 누이라 하였으므로 그랄 왕 아비멜렉이 사람을 보내어 사라를 데려갔더니 그 밤에 하나님이 아비멜렉에게 현몽하시고 그에게 이르시되 네가 데려간 이 여인으로 말미암아 네가 죽으리니 그는 남편이 있는 여자임이라
- **창20:10-13** • **창20:17-18**

마태복음 19장
잘못된 가치관을 고치기 위해 개입

- **마19:7-9** 여짜오되 그러면 어찌하여 모세는 이혼 증서를 주어서 버리라 명하였나이까 예수께서 이르시되 모세가 너희 마음의 완악함 때문에 아내 버림을 허락하였거니와 본래는 그렇지 아니하니라 내가 너희에게 말하노니 누구든지 음행한 이유 외에 아내를 버리고 다른 데 장가 드는 자는 간음함이니라
- **마19:13-15** • **마19:18-22** • **마19:26-29**

느헤미야 9장
선민의 죄를 인내의 성품으로 개입

- **느9:3-6** 이 날에 낮 사분의 일은 그 제자리에 서서 그들의 하나님 여호와의 율법책을 낭독하고 낮 사분의 일은 죄를 자복하며 그들의 하나님 여호와께 경배하는데 레위 사람 예수아와 바니와 갓미엘과 스바냐와 분니와 세레뱌와 바니와 그나니는 단에 올라서서 큰 소리로 그들의 하나님 여호와께 부르짖고 또 레위 사람 예수아와 갓미엘과 바니와 하삽느야와 세레뱌와 호디야와 스바냐와 브다히야는 이르기를 너희 무리는 마땅히 일어나 영원부터 영원까지 계신 너희 하나님 여호와를 송축할지어다 …
- **느9:16-17** • **느9:30-33**

사도행전 19장
바울을 향한 박해를 서기관을 통해 개입

- **행19:2-7** 이르되 너희가 믿을 때에 성령을 받았느냐 이르되 아니라 우리는 성령이 계심도 듣지 못하였노라 바울이 이르되 그러면 너희가 무슨 세례를 받았느냐 대답하되 요한의 세례니라 바울이 이르되 요한이 회개의 세례를 베풀며 백성에게 말하되 내 뒤에 오시는 이를 믿으라 하였으니 이는 곧 예수라 하거늘 그들이 듣고 주 예수의 이름으로 세례를 받으니 바울이 그들에게 안수하매 성령이 그들에게 임하시므로 방언도 하고 예언도 하니 모두 열두 사람쯤 되니라
- **행19:11-13** • **행19:17-20** • **행19:26-29**
- **행19:35**

묵 상
(연합내용)

구약의 선민들의 범죄를 참고 또 해결하시며, 신약의 선민들의 이기적인 욕심을 가르침과 합리적인 말로 잠재우시는 하나님의 개입을 본다.

묵상을 위한 질문

1. 아브라함이 그랄에 거주할 때에 애굽에서 보였던 행동(아내를 누이라 함)을 다시 보인 이유는 무엇일까요?

2. 하나님이 그랄왕 아비멜렉에게 행하신 일은 오늘날 우리에게 어떤 깨달음을 주실까요?

3. 어린아이를 용납하시고 또 어린아이를 통해 천국의 교훈을 가르치신 예수님은 어떤 유아관과 다음세대관을 가지고 계실까요?

4. 부자청년과 12제자에게 말씀하신 영생과 재물의 관계는 어떤 것일까요?

5. 경건생활에 있어서 말씀과 기도의 가장 이상적인 시간비율은 어떻게 될까요?

6. 레위사람 예수아와 함께한 자들은 백성 앞에서 하나님께 대표기도를 어떻게 드렸나요?

7. 데메드리오가 바울의 천국복음 전파를 박해한 이유는 무엇때문일까요?

8. 에베소의 서기장은 어떤 합리적인 말로 2시간이나 계속된 집회소요를 해산시켰나요?

적 용

1. 그리스도인으로서 상황에 따라 비굴해지지 않게 하옵소서.
2. 세상의 문화와 재물을 다스리게 하옵소서.
3. 사역 중에 어려운 일을 만나면 인내와 차분한 지혜로 풀어가게 주옵소서.

기 도

• 기도하십니까?
• 우리 삶의 모든 상황은 기도해야 할 상황입니다.
• 원수를 위해서도 기도하십시오.
• 손을 얹고 기도하십시오. 금식하며 기도하십시오.

20 일차 / 365 응답

맥체인 읽기표: 1월 20일
나의 묵상일: 월 일

● 맥체인성경의 통독구조<20>

기존 성경을 읽을 때는 등장인물이 주인공이 될 때도 많이 있으나 맥체인성경의 신구약 4장을 읽으면 모든 통일주제와 개별주제의 주인공이 하나님과 예수님과 성령님이 되는 구조이다.

● 찬송가 | 291장

● 말 씀 | 창세기 21장 / 마태복음 20장 / 느헤미야 10장 / 사도행전 20장

창세기 21장
사라와 하갈에게 하신 약속을 응답하심

- **창21:1-2** 여호와께서 말씀하신 대로 사라를 돌보셨고 여호와께서 말씀하신 대로 사라에게 행하셨으므로 사라가 임신하고 하나님이 말씀하신 시기가 되어 노년의 아브라함에게 아들을 낳으니
- **창21:9-13** … 하나님이 아브라함에게 이르시되 네 아이나 네 여종으로 말미암아 근심하지 말고 사라가 네게 이른 말을 다 들으라 이삭에게서 나는 자라야 네 씨라 부를 것임이니라 그러나 여종의 아들도 네 씨니 내가 그로 한 민족을 이루게 하리라 하신지라
- **창21:17-20** • **창21:31**

마태복음 20장
품꾼에게 약속하신 것을 응답하심

- **마20:1-2** 천국은 마치 품꾼을 얻어 포도원에 들여보내려고 이른 아침에 나간 집 주인과 같으니 그가 하루 한 데나리온씩 품꾼들과 약속하여 포도원에 들여보내고
- **마20:8-9** 저물매 포도원 주인이 청지기에게 이르되 품꾼들을 불러 나중 온 자로부터 시작하여 먼저 온 자까지 삯을 주라 하니 제십일시에 온 자들이 와서 한 데나리온씩을 받거늘
- **마20:13-14** • **마20:28** • **마20:32-34**

느헤미야 10장
식물과 동물의 소산으로 응답하심

- **느10:28-31** … 하나님의 율법을 준행하는 모든 자와 그들의 아내와 그들의 자녀들 곧 지식과 총명이 있는 자들은 다 그들의 형제 귀족들을 따라 저주로 맹세하기를 우리가 하나님의 종 모세를 통하여 주신 하나님의 율법을 따라 우리 주 여호와의 모든 계명과 규례와 율례를 지켜 행하여 우리의 딸들을 이 땅 백성에게 주지 아니하고 우리의 아들들을 위하여 그들의 딸들을 데려오지 아니하며 혹시 이 땅 백성이 안식일에 물품이나 온갖 곡물을 가져다가 팔려고 할지라도 우리가 안식일이나 성일에는 그들에게서 사지 않겠고 일곱째 해마다 땅을 쉬게 하고 모든 빚을 탕감하리라 하였고
- **느10:235-38**

사도행전 20장
말씀을 전할 때 기적으로 응답하심

- **행20:9-12** 유두고라 하는 청년이 창에 걸터앉아 있다가 깊이 졸더니 바울이 강론하기를 더 오래 하매 졸음을 이기지 못하여 삼 층에서 떨어지거늘 일으켜보니 죽었는지라 바울이 내려가서 그 위에 엎드려 그 몸을 안고 말하되 떠들지 말라 생명이 그에게 있다 하고 올라가 떡을 떼어 먹고 오랫동안 곧 날이 새기까지 이야기하고 떠나니라 사람들이 살아난 청년을 데리고 가서 적지 않게 위로를 받았더라
- **행20:17-24** • **행20:31-35**

묵 상
(연합내용)

하나님은 믿는 자에게 약속하신 것을 반드시 응답하시되 자연적으로 또는 초자연적인 방법으로 응답하신다.

묵상을 위한 질문

1. 하나님의 약속이 응답되기 전에 자기의 생각으로 행한 일들은 어떤 결과를 가져올까요?

2. 하나님께서 하갈과 이스마엘을 보호하시고 축복하신 이유는 무엇일까요?

3. 천국 백성인 그리스도인에게 가장 중요한 성품과 자세는 무엇일까요?

4. 여리고의 맹인 두 사람이 눈을 뜨게 된 것은 예수님의 이 세상에 오신 목적과 어떤 연관이 있을까요?

5. 성벽중수, 율법묵상, 회개기도를 통해 바른 신앙을 정비한 귀환백성은 날마다 생활함에 있어서 어떤 것을 결의했나요?

6. 귀환한 선민이 바른 신앙생활을 할 수 있는 것은 어떤 믿음이 전제될 때 가능할까요?

7. 바울이 강론을 길게할 때에 3층에서 떨어진 유두고를 어떻게 살렸을까요?

8. 바울이 말한 24절과 35절은 어떤 밀접한 관계를 가지고 있을까요?

적 용

1. 가끔 자신의 생각대로 일을 진행하여 고난받음을 깨닫게 하옵소서.
2. 불가능한 질병을 앓고 있어도 믿음으로 기도하게 하옵소서.
3. 우리가 달려갈 길과 주 예수께 받은 사명을 잘 감당하는 용기를 주옵소서.

기 도

- 하나님의 영원하신 경륜 안에서 택정함을 받은 하나님 나라의 씨로서 하나님의 뜻을 따르기 위해 어떤 결단을 하셨습니까?
- 그리고 그 뜻을 전하기 위해 어떤 말을 사용하십니까?

21 일차 / 365 드림

맥체인 읽기표: 1월 21일
나의 묵상일: 월 일

● 맥체인성경의 통독구조<21>

기존의 성경묵상은 한 책을 읽으므로 한 본문에 한 교훈을 찾는 것이 일반적이지만 맥체인성경 읽기와 묵상은 네 책을 읽고 네 본문의 공통점을 찾기 때문에 몇 개의 교훈이 나타난다. 그 중에 현재 감동을 주는 교훈을 적용하는 구조이다.

● 찬송가 | 216장

● 말 씀 | 창세기 22장 / 마태복음 21장 / 느헤미야 11장 / 사도행전 21장

창세기 22장
아브라함이 이삭을 번제로 드림

- **창22:2** 여호와께서 이르시되 네 아들 네 사랑하는 독자 이삭을 데리고 모리아 땅으로 가서 내가 네게 일러 준 한 산 거기서 그를 번제로 드리라
- **창22:9-10** 하나님이 그에게 일러 주신 곳에 이른지라 이에 아브라함이 그 곳에 제단을 쌓고 나무를 벌여 놓고 그의 아들 이삭을 결박하여 제단 나무 위에 놓고 손을 내밀어 칼을 잡고 그 아들을 잡으려 하니
- **창22:15-18**

마태복음 21장
예수님이 자신을 속죄제물로 드림

- **마21:7-10** 나귀와 나귀 새끼를 끌고 와서 자기들의 겉옷을 그 위에 얹으매 예수께서 그 위에 타시니 무리의 대다수는 그들의 겉옷을 길에 펴고 다른 이들은 나뭇가지를 베어 길에 펴고 앞에서 가고 뒤에서 따르는 무리가 소리 높여 이르되 호산나 다윗의 자손이여 찬송하리로다 주의 이름으로 오시는 이여 가장 높은 곳에서 호산나 하더라 예수께서 예루살렘에 들어가시니 온 성이 소동하여 이르되 이는 누구냐 하거늘
- **마21:12-13** • **마21:19** • **마21:33-39**

느헤미야 11장
주어진 성에 제비뽑아 자신을 거주케 함

- **느11:1-3** 백성의 지도자들은 예루살렘에 거주하였고 그 남은 백성은 제비 뽑아 십분의 일은 거룩한 성 예루살렘에서 거주하게 하고 그 십분의 구는 다른 성읍에 거주하게 하였으며 예루살렘에 거주하기를 자원하는 모든 자를 위하여 백성들이 복을 빌었느니라 이스라엘과 제사장들과 레위 사람들과 느디님 사람들과 솔로몬의 신하들의 자손은 유다 여러 성읍에서 각각 자기 성읍 자기 기업에 거주하였느니라 예루살렘에 거주한 그 지방의 지도자들은 이러하니
- **느11:25** • **느11:36**

사도행전 21장
바울이 복음을 위하여 자신을 드림

- **행21:4-5** 제자들을 찾아 거기서 이레를 머물더니 그 제자들이 성령의 감동으로 바울더러 예루살렘에 들어가지 말라 하더라 이 여러 날을 지낸 후 우리가 떠나갈새 그들이 다 그 처자와 함께 성문 밖까지 전송하거늘 우리가 바닷가에서 무릎을 꿇어 기도하고
- **행21:8-14** … 바울이 대답하되 여러분이 어찌하여 울어 내 마음을 상하게 하느냐 나는 주 예수의 이름을 위하여 결박 당할 뿐 아니라 예루살렘에서 죽을 것도 각오하였노라 하니 그가 권함을 받지 아니하므로 우리가 주의 뜻대로 이루어지이다 하고 그쳤노라
- **행21:30-33**

묵 상
(연합내용)

하나님의 뜻에 순종하기 위해 자신의 뜻을 굽히고 오직 믿음으로 순종하여 자신을 드린다.

묵상을 위한 질문

1. 하나님이 아브라함을 시험하신 이유는 무엇일까요?

2. 아브라함이 이삭을 번제로 드릴 때 수풀에 걸린 숫양은 어떻게 나타난 것일가요?

3. 예수님은 속죄제물이 되기 위하여 나귀새끼를 타시고 예루살렘으로 들어가셨습니다. 왜 다른 곳이 아닌 예루살렘이어야 할까요?

4. 포도원농부 비유에서 '자기 종들','다른 종들','자기 아들'은 누구를 가리킬까요?

5. 귀환백성이 자신이 원하는 곳에 거주하지 못하고 제비뽑아 거주지를 결정하여 그 곳에 머물게 된 것은 어떤 의미를 갖나요?

6. 오늘날 믿는 자인 우리의 거주지는 누가 결정할까요?

7. 제자들과 아가보가 성령의 감동을 받아 바울에게 예루살렘에 들어가지 말 것을 예언했을 때 바울이 자신의 뜻대로 행한 것은 죄가 되지 않을까요?

8. 바울이 경우에 따라 헬라 말과 히브리 말을 사용한 것은 어떤 목적이 있었을까요?

적 용

1. 저희가 신앙생활 중 시험을 만났을 때 능히 승리하게 하옵소서.
2. 저희로 하여금 주님이 기뻐하시는 도구로 쓰임받게 하옵소서.
3. 성령의 감동과 소명에 아름다운 조화를 주옵소서.

기 도

- 하나님 나라를 위한 비전을 가졌습니까?
- 또한 그 비전을 포기할 수 있습니까?
- 믿음은 비전 성취를 위해 달려 나아가는 것도 포함되지만, 때로는 그 비전을 포기할 수도 있어야 함을 기억하십시오.

22 일차 / 365 준비

맥체인 읽기표: 1월 22일
나의 묵상일: 월 일

● 맥체인성경의 통독구조<22>

네 권의 책을 한 장씩 읽을 때 먼저 각 장마다 전체적인 내용을 파악하고 핵심주제 2개 이상을 찾는다. 그 다음 각 장의 주제를 비교하여 동일한 것을 연결하여 묵상하는 구조이다.

● 찬송가 | 607장

● 말 씀 | 창세기 23장 / 마태복음 22장 / 느헤미야 12장 / 사도행전 22장

창세기 23장 / 아브라함이 사라의 무덤을 준비

- **창23:1-3** 사라가 백이십칠 세를 살았으니 이것이 곧 사라가 누린 햇수라 사라가 가나안 땅 헤브론 곧 기럇아르바에서 죽으매 아브라함이 들어가서 사라를 위하여 슬퍼하며 애통하다가 그 시신 앞에서 일어나 나가서 헷 족속에게 말하여 이르되
- **창23:8-9** 그들에게 말하여 이르되 나로 나의 죽은 자를 내 앞에서 내어다가 장사하게 하는 일이 당신들의 뜻일진대 내 말을 듣고 나를 위하여 소할의 아들 에브론에게 구하여 그가 그의 밭머리에 있는 그의 막벨라 굴을 내게 주도록 하되 충분한 대가를 받고 그 굴을 내게 주어 당신들 중에서 매장할 소유지가 되게 하기를 원하노라 하매
- **창23:16-18**

마태복음 22장
잔치에 청함을 받은 자가 예복을 준비

- **마22:2-3** 천국은 마치 자기 아들을 위하여 혼인 잔치를 베푼 어떤 임금과 같으니 그 종들을 보내어 그 청한 사람들을 혼인 잔치에 오라 하였더니 오기를 싫어하거늘
- **마22:10-12** 종들이 길에 나가 악한 자나 선한 자나 만나는 대로 모두 데려오니 혼인 잔치에 손님들이 가득한지라 임금이 손님들을 보러 들어올새 거기서 예복을 입지 않은 한 사람을 보고 이르되 친구여 어찌하여 예복을 입지 않고 여기 들어왔느냐 하니 그가 아무 말도 못하거늘
- **마22:14** 청함을 받은 자는 많되 택함을 입은 자는 적으니라
- **마22:20-21** • **마22:36-40**

느헤미야 12장
이스라엘의 사역자는 축제의 예배를 준비

- **느12:8** 레위 사람들은 예수아와 빈누이와 갓미엘과 세레뱌와 유다와 맛다냐니 이 맛다냐는 그의 형제와 함께 찬송하는 일을 맡았고
- **느12:24** 레위 족속의 지도자들은 하사뱌와 세레뱌와 갓미엘의 아들 예수아라 그들은 그들의 형제의 맞은편에 있어 하나님의 사람 다윗의 명령대로 순서를 따라 주를 찬양하며 감사하고
- **느12:27-30** 예루살렘 성벽을 봉헌하게 되니 각처에서 레위 사람들을 찾아 예루살렘으로 데려다가 감사하며 노래하며 제금을 치며 비파와 수금을 타며 즐거이 봉헌식을 행하려 하매… 제사장들과 레위 사람들이 몸을 정결하게 하고 또 백성과 성문과 성벽을 정결하게 하니라 • **느12:35-36** • **느12:40-43**

사도행전 22장
바울은 박해하는 유대인에게 복음을 준비

- **행22:1-8** 부형들아 내가 지금 여러분 앞에서 변명하는 말을 들으라 그들이 그가 히브리 말로 말함을 듣고 더욱 조용한지라 이어 이르되 … 내가 이 도를 박해하여 사람을 죽이기까지 하고 남녀를 결박하여 옥에 넘겼노니 이에 대제사장과 모든 장로들이 내 증인이라 또 내가 … 다메섹에 가까이 갔을 때에 오정쯤 되어 홀연히 하늘로부터 큰 빛이 나를 둘러 비치매 내가 땅에 엎드러져 들으니 소리 있어 이르되 사울아 사울아 네가 왜 나를 박해하느냐 하시거늘 내가 대답하되 주님 누구시니이까 하니 이르시되 나는 네가 박해하는 나사렛 예수라 하시더라
- **행22:12-21** • **행22:27-28**

묵 상
(연합내용)

구원받은 하나님의 자녀들은 참된 처소에 거하게 된다. 그러기 위해서 믿는 자는 스스로 대가를 지불하고 구원에 합당한 준비를 해야 한다.

묵상을 위한 질문

1. 아브라함이 헷족속에게 존경을 받은 것은 무엇때문일까요?

2. 아브라함이 사라의 장사를 위하여 막벨라굴을 값을 주고 구입한 이유는 무엇일까요?

3. 청함을 받은 자가 혼인잔치에 들어가기 위해 입어야 할 예복은 무엇일까요?

4. 율법(구약) 중에 가장 큰 계명과 복음(신약) 중에 가장 큰 말씀은 무엇일까요?

5. 성을 중수한 후 이스라엘의 제사장과 백성이 열심히 준비한 것은 무엇일까요?

6. 이스라엘 백성은 제사장과 레위 사람에게 무엇을 준비하여 주었나요?

7. 바울이 다메섹에 있는 유대인 군중 앞에 섰을 때 어떤 메시지를 전했나요?

8. 유대인의 소동으로 천부장이 바울을 심문하려고 할 때 바울은 자신이 가지고 있는 어떤 신분을 사용하였나요?

적 용

1. 중요한 일을 할 때 거져 받는 것보다 당연한 대가를 지불하는 마음을 주옵소서.
2. 우리 믿는 자가 이기적인 옷을 벗고 사랑의 예복을 입게 하옵소서.
3. 나의 신분이 어떠하든지, 때를 얻든지 못얻든지 복음을 전하게 하옵소서.

기 도

- 창세기와 느헤미야를 통해 땅의 확정과 그 땅을 향한 열망을 보았습니다. 약속한 그 땅(영역)을 향한 열망이 있습니까?
- 하나님이 약속하신 땅(영역)을 취하기 위해 열망을 갖고 나아가십시오. 하나님이 허락하십니다.
- 지금의 직장(영역)을 하나님 나라 만들기 위해 할 수 있는 일은 무엇이 있을까요?

23 일차 / 365 기준

맥체인 읽기표: 1월 23일
나의 묵상일: 월 일

● 맥체인성경의 통독구조<23>
시간의 초월을 통해 예언과 성취를 동시에 경험할 수 있는 구조이다.

● 찬송가 | 602장

● 말 씀 | 창세기 24장 / 마태복음 23장 / 느헤미야 13장 / 사도행전 23장

창세기 24장
언약의 씨 이삭이 아내를 얻는 기준

- **창24:3-4** 내가 너에게 하늘의 하나님, 땅의 하나님이신 여호와를 가리켜 맹세하게 하노니 너는 내가 거주하는 이 지방 가나안 족속의 딸 중에서 내 아들을 위하여 아내를 택하지 말고 내 고향 내 족속에게로 가서 내 아들 이삭을 위하여 아내를 택하라
- **창24:7-8** 하늘의 하나님 여호와께서 … 내게 말씀하시며 내게 맹세하여 이르시기를 이 땅을 네 씨에게 주리라 하셨으니 그가 그 사자를 너보다 앞서 보내실지라 네가 거기서 내 아들을 위하여 아내를 택할지니라 만일 여자가 너를 따라 오려고 하지 아니하면 나의 이 맹세가 너와 상관이 없나니 오직 내 아들을 데리고 그리로 가지 말지니라
- **창24:12-14** • **창24:26-27** • **창24:49-53**
- **창24:58** • **창24:63-67**

마태복음 23장
예수가 바리새인을 저주하는 기준

- **마23:2-7** 서기관들과 바리새인들이 모세의 자리에 앉았으니 그러므로 무엇이든지 그들이 말하는 바는 행하고 지키되 그들이 하는 행위는 본받지 말라 그들은 말만 하고 행하지 아니하며 또 무거운 짐을 묶어 사람의 어깨에 지우되 자기는 이것을 한 손가락으로도 움직이려 하지 아니하며 그들의 모든 행위를 사람에게 보이고자 하나니…
- **마23:15** 화 있을진저 외식하는 서기관들과 바리새인들이여 너희는 교인 한 사람을 얻기 위하여 바다와 육지를 두루 다니다가 생기면 너희보다 배나 더 지옥 자식이 되게 하는도다
- **마23:23** • **마23:25** • **마23:27** • **마23:29-31**
- **마23:37-39**

느헤미야 13장
백성과 영적 사역자의 위치와 몫을 정하는 기준

- **느13:1-3** 그 날 모세의 책을 낭독하여 백성에게 들렸는데 그 책에 기록하기를 암몬 사람과 모압 사람은 영원히 하나님의 총회에 들어오지 못하리니 이는 그들이 양식과 물로 이스라엘 자손을 영접하지 아니하고 도리어 발람에게 뇌물을 주어 저주하게 하였음이라 그러나 우리 하나님이 그 저주를 돌이켜 복이 되게 하셨다 하였는지라 백성이 이 율법을 듣고 곧 섞인 무리를 이스라엘 가운데에서 모두 분리하였느니라
- **느13:7-9** • **느13:10-12** • **느13:14-15** • **느13:19**
- **느13:22** • **느13:23-27** • **느13:29-31**

사도행전 23장
바울이 박해로부터 자신을 지키는 기준

- **행23:11** 그 날 밤에 주께서 바울 곁에 서서 이르시되 담대하라 네가 예루살렘에서 나의 일을 증언한 것 같이 로마에서도 증언하여야 하리라 하시니라
- **행23:17-19**
- **행23:20-27** 대답하되 유대인들이 공모하기를 그들이 바울에 대하여 더 자세한 것을 묻기 위함이라 하고 내일 그를 데리고 공회로 내려오기를 당신께 청하자 하였으니 당신은 그들의 청함을 따르지 마옵소서 그들 중에서 바울을 죽이기 전에는 먹지도 않고 마시지도 않기로 맹세한 자 사십여 명이 그를 죽이려고 숨어서 지금 다 준비하고 당신의 허락만 기다리나이다 하니…

묵 상
(연합내용)

하나님과 하나님의 사람은 어떤 일을 할 때든지 분명한 성서적 기준을 갖고 있다.

묵상을 위한 질문

1. 아브라함이 아들 이삭의 아내를 얻고자 할 때 기준은 무엇이었나요?

2. 아브라함의 집 모든 소유를 맡은 늙은 종이 이삭의 아내를 찾을 때 제일 먼저 한 일은 무엇이었나요?

3. 예수님이 서기관들과 바리새인들에게 일곱 번의 저주를 하신 이유는 무엇일까요?

4. 예수님이 사용하신 낙타와 독사와 암탉은 무엇을 비유하신 것일까요?

5. 느헤미야의 지도력은 국가와 종교, 사회와 분배에 어떤 영향을 주었을까요?

6. 느혜이야의 통치는 어떤 기준과 우선순위를 가지고 있나요?

7. 핍박 속에서 늘 생명의 위협을 느끼는 바울은 어떤 힘으로 견뎌낼까요?

8. 핍박과 반대 속에서 위협을 견디고 사역을 지속하는 바울은 자생적으로 어떤 힘은 가지고 풀어가고 있나요?

적 용

1. 자녀의 미래를 위해서 분명한 성서적 가치관을 가지고 대처하게 하소서.
2. 신앙생활 중 악에 물들지 않기 위하여 끊을 것을 단호히 물리치고 선포하는 자세를 주옵소서.
3. 신앙생활 중 당하는 핍박과 고난을 이기기 위해 하나님의 임재를 경험하게 하시고, 자신의 장점을 온전히 지혜롭게 사용하게 하소서.

기 도

- 하나님은 우리를 하나님 나라의 거룩한 씨로 불러 주셨습니다.
- 하나님 나라의 거룩한 씨로서 정결치 못한 어떤 것이 있습니까?
- 물질과 세상 지식 그리고 이단의 교훈들은 우리를 정결하지 못하게 합니다.
- 하나님께서 우리를 보호하시고 인도하심을 기억하고 자신을 늘 정결하게 유지하기 위해 할 수 있는 일은 무엇이 있을지 생각해 보세요.

24 일차 / 365

종말

맥체인 읽기표: 1월 24일
나의 묵상일: 월 일

- 맥체인성경의 통독구조<24>

구약 2장, 신약 2장을 읽을 때 제일 먼저 읽는 구약성경에서 가능한 주제를 모두 묵상하여 다음 신약을 읽을 때 연관된 주제를 찾고, 다음 구약 그리고 신약에서 주제를 점점 좁혀가는 묵상구조다.

- 찬송가 | 359장
- 말 씀 | 창세기 25장 / 마태복음 24장 / 에스더 1장 / 사도행전 24장

창세기 25장
아브라함과 이스마엘의 개인종말

- **창25:1-4** 아브라함이 후처를 맞이하였으니 그의 이름은 그두라라 그가 시므란과 욕산과 므단과 미디안과 이스박과 수아를 낳고 욕산은 스바와 드단을 낳았으며 드단의 자손은 앗수르 족속과 르두시 족속과 르움미 족속이며 미디안의 아들은 에바와 에벨과 하녹과 아비다와 엘다아이니 다 그두라의 자손이었더라
- **창25:11** 아브라함이 죽은 후에 하나님이 그의 아들 이삭에게 복을 주셨고 이삭은 브엘라해로이 근처에 거주하였더라
- **창25:20-23** • **창25:28** • **창25:31-34**

마태복음 24장
이스라엘과 이방의 세상 끝 종말

- **마24:3-14** 예수께서 감람 산 위에 앉으셨을 때에 제자들이 조용히 와서 이르되 우리에게 이르소서 어느 때에 이런 일이 있겠사오며 또 주의 임하심과 세상 끝에는 무슨 징조가 있사오리이까 예수께서 대답하여 이르시되 너희가 사람의 미혹을 받지 않도록 주의하라 많은 사람이 내 이름으로 와서 이르되 나는 그리스도라 하여 많은 사람을 미혹하리라 … 그러나 끝까지 견디는 자는 구원을 얻으리라 이 천국 복음이 모든 민족에게 증언되기 위하여 온 세상에 전파되리니 그제야 끝이 오리라
- **마24:29-31** • **마24:44-51**

에스더 1장
왕후 와스디의 개인종말

- **에1:9-12** 왕후 와스디도 아하수에로 왕궁에서 여인들을 위하여 잔치를 베푸니라 제칠일에 왕이 주흥이 일어나서 어전 내시 므후만과 비스다와 하르보나와 빅다와 아박다와 세달과 가르가스 일곱 사람을 명령하여 왕후 와스디를 청하여 왕후의 관을 정제하고 왕 앞으로 나아오게 하여 그의 아리따움을 뭇 백성과 지방관들에게 보이게 하라 하니 이는 왕후의 용모가 보기에 좋음이라 그러나 왕후 와스디는 내시가 전하는 왕명을 따르기를 싫어하니 왕이 진노하여 마음속이 불 붙는 듯하더라
- **에1:15-19**

사도행전 24장
바울이 벨릭스에게 전한 재림종말

- **행24:5** 우리가 보니 이 사람은 전염병 같은 자라 천하에 흩어진 유대인을 다 소요하게 하는 자요 나사렛 이단의 우두머리라
- **행24:14-21** 그러나 이것을 당신께 고백하리이다 나는 그들이 이단이라 하는 도를 따라 조상의 하나님을 섬기고 율법과 선지자들의 글에 기록된 것을 다 믿으며 그들이 기다리는 바 하나님께 향한 소망을 나도 가졌으니 곧 의인과 악인의 부활이 있으리라 함이니이다 이것으로 말미암아 나도 하나님과 사람에 대하여 항상 양심에 거리낌이 없기를 힘쓰나이다 …
- **행24:24-25**

묵 상
(연합내용)

하나님은 모든 사람에게 개인종말과 세상 끝 우주종말을 가르쳐 주시고 이 땅에 사는 동안 참된 구원을 얻도록 길을 열어 놓으셨다.

묵상을 위한 질문

1. 아브라함이 후처를 맞이하여 많은 자녀를 낳았습니다. 어떻게 가능했을까요?
2. 아브라함이 175세로 죽은 후 아들 이삭에게는 어떤 일이 일어났나요?
3. 예수님은 제자들에게 세상 끝에는 어떤 징조가 나타날 것이라고 말씀하셨나요?
4. 종말 징조 중에 현재 우리의 삶에 나타나고 있는 현상들은 무엇이 있을까요?
5. 만물을 통치하시는 하나님은 이방왕 아하수에로에게 어떤 복을 내리셨나요?
6. 아하스에로 왕의 단점은 무엇일까요?
7. 대제사장 아나니아와 함께 내려온 변호사 더둘로는 벨릭스 총독에게 바울을 어떻게 표현했나요?
8. 어떤 상황이나 누구 앞에서도 흔들리지 않고 복음전파와 자기변호를 당당히 행하였던 바울의 영성은 어떤 신학적 기반을 두고 있을까요?

적 용

1. 한번 죽는 것은 사람에게 정한 것이니 날마다 바른 삶을 살게 하옵소서.
2. 주의 재림을 소망하며 살아가는 성도가 되게 하옵소서.
3. 주신 복을 세어보고 십자가와 부활의 신앙을 널리 전파하며 살게 하옵소서.

기 도

- 개인의 종말과 거시적 역사적 종말은 반드시 있을 것인데, 그 날을 바라며 하나님께 향한 소망을 가지시기를 바랍니다. 그 소망은 부활의 소망입니다.
- 부활의 소망으로 이 땅의 고난을 견디며 끝까지 견딤으로 승리하시기 바랍니다.

암송 감사기도

25 일차 / 365 지혜

맥체인 읽기표: 1월 25일
나의 묵상일: 월 일

- 맥체인성경의 통독구조<25>

성경을 읽을 때, 하나님의 모습, 신앙인의 모습, 대적자의 모습, 주어진 환경을 분류하면서 읽을 때 공통주제를 쉽게 발견할 수 있는 구조다.

- 찬송가 | 374장
- 말 씀 | 창세기 26장 / 마태복음 25장 / 에스더 2장 / 사도행전 25장

창세기 26장

시기와 다툼을 피하는 지혜

- **창26:1-5** 아브라함 때에 첫 흉년이 들었더니 그 땅에 또 흉년이 들매 이삭이 그랄로 가서 블레셋 왕 아비멜렉에게 이르렀더니 여호와께서 이삭에게 나타나 이르시되 애굽으로 내려가지 말고 내가 네게 지시하는 땅에 거주하라 이 땅에 거류하면 내가 너와 함께 있어 네게 복을 주고 내가 이 모든 땅을 너와 네 자손에게 주리라 … 이는 아브라함이 내 말을 순종하고 내 명령과 내 계명과 내 율례와 내 법도를 지켰음이라 하시니라
- **창26:7** 그 곳 사람들이 그의 아내에 대하여 물으매 그가 말하기를 그는 내 누이라 하였으니 리브가는 보기에 아리따우므로 그 곳 백성이 리브가로 말미암아 자기를 죽일까 하여 그는 내 아내라 하기를 두려워함이었더라
- **창26:11-13** • **창26:20-25** • **창26:28**

마태복음 25장

예비하고 장사하며 돌아보는 지혜

- **마25:1-4** 그 때에 천국은 마치 등을 들고 신랑을 맞으러 나간 열 처녀와 같다 하리니 그 중의 다섯은 미련하고 다섯은 슬기 있는 자라 미련한 자들은 등을 가지되 기름을 가지지 아니하고 슬기 있는 자들은 그릇에 기름을 담아 등과 함께 가져갔더니
- **마25:14-17** 또 어떤 사람이 타국에 갈 때 그 종들을 불러 자기 소유를 맡김과 같으니 각각 그 재능대로 한 사람에게는 금 다섯 달란트를, 한 사람에게는 두 달란트를, 한 사람에게는 한 달란트를 주고 떠났더니 다섯 달란트 받은 자는 바로 가서 그것으로 장사하여 또 다섯 달란트를 남기고 두 달란트 받은 자도 그같이 하여 또 두 달란트를 남겼으되
- **마25:34-40**

에스더 2장

모르드개와 에스더의 분별하는 지혜

- **에2:2-7** … 도성 수산에 한 유다인이 있으니 이름은 모르드개라 … 전에 바벨론 왕 느부갓네살이 예루살렘에서 유다 왕 여고냐와 백성을 사로잡아 갈 때에 모르드개도 함께 사로잡혔더라 그의 삼촌의 딸 하닷사 곧 에스더는 부모가 없었으나 용모가 곱고 아리따운 처녀라 그의 부모가 죽은 후에 모르드개가 자기 딸 같이 양육하더라
- **에2:10-11** 에스더가 자기의 민족과 종족을 말하지 아니하니 이는 모르드개가 명령하여 말하지 말라 하였음이라 모르드개가 날마다 후궁 뜰 앞으로 왕래하며 에스더의 안부와 어떻게 될지를 알고자 하였더라
- **에2:15-18** • **에2:21-23**

사도행전 25장

변명보다 가이사 재판을 요청하는 지혜

- **행25:8** 바울이 변명하여 이르되 유대인의 율법이나 성전이나 가이사에게나 내가 도무지 죄를 범하지 아니하였노라 하니
- **행25:10-12** 바울이 이르되 내가 가이사의 재판자리 앞에 섰으니 마땅히 거기서 심문을 받을 것이라 당신도 잘 아시는 바와 같이 내가 유대인들에게 불의를 행한 일이 없나이다 … 내가 가이사께 상소하노라 한대 베스도가 배석자들과 상의하고 이르되 네가 가이사에게 상소하였으니 가이사에게 갈 것이라 하니라
- **행25:23-27**

묵 상
(연합내용)

하나님의 자녀는 하나님의 통치하심을 믿고 주어진 상황 속에서 지혜를 발휘하여 하나님의 구속사를 성취해 간다.

묵상을 위한 질문

1. 하나님은 고난을 당하는 자에게서 무엇을 찾으실까요?

2. 하나님은 약속의 백성이 연약하여 세상과 타협할 때에도 어떤 은혜를 베푸셨나요?

3. 천국을 사모하는 성도는 항상 무엇을 준비해야 할까요?

4. 하나님의 일꾼으로 선택된 자는 사역과 생활에 있어서 어떤 모습을 보여야 할까요?

5. 하나님이 에스더에게 주신 축복은 어떤 것들이 있을까요?

6. 하나님을 믿는 모르드개는 어떤 능력을 가지고 있었나요?

7. 로마시대의 통지자인 베스도, 아그립바, 버니게는 무엇에 붙잡혀 살았을까요?

8. 바울이 하나님에게로부터 받은 선천적 은혜는 무엇일까요?

적 용

1. 삶 속에서 고난을 당할 때 타협보다는 말씀을 지키는 믿음의 자세를 주옵소서
2. 종말적 신앙과 자세를 가지고 성결하게 살도록 강한 의지를 주옵소서.
3. 내게 주신 선천적 은혜와 은사를 발견하고 감사함으로 개발하게 하옵소서.

기 도

• 지금 주어진 일에 충성하고 있습니까?
• 현재의 보상이 없어도 그 일에 끝까지 충성하십시오.
• 하나님이 기억하십니다. 충성된 하루하루가 되십시오.

암송
감사기도

26 일차 / 365 계획

맥체인 읽기표: 1월 26일
나의 묵상일: 월 일

- **맥체인성경의 통독구조<26>**

성경을 읽을 때 비행기를 타고 지나가듯 읽을 수 있으며 기차를 타고 지나가듯 일을 수도 있다. 또한 자전거나 걸어가면서 가까이 보듯 읽을 수도 있다. 맥체인성경은 입체적이며 전체대강의 줄거리를 보는 구조다.

- **찬송가** | 375장
- **말 씀** | 창세기 27장 / 마태복음 26장 / 에스더 3장 / 사도행전 26장

창세기 27장
축복기도를 받기 위한 야곱의 계획

- **창27:3-4** 그런즉 네 기구 곧 화살통과 활을 가지고 들에 가서 나를 위하여 사냥하여 내가 즐기는 별미를 만들어 내게로 가져와서 먹게 하여 내가 죽기 전에 내 마음껏 네게 축복하게 하라
- **창27:8-10** 그런즉 내 아들아 내 말을 따라 내가 네게 명하는 대로 염소 떼에 가서 거기서 좋은 염소 새끼 두 마리를 내게로 가져오면 내가 그것으로 네 아버지를 위하여 그가 즐기시는 별미를 만들리니 네가 그것을 네 아버지께 가져다 드려서 그가 죽기 전에 네게 축복하기 위하여 잡수시게 하라
- **창27:14** • **창27:19-20**
- **창27:25-29** • **창27:33** • **창27:35-36**

마태복음 26장
예수를 죽이기 위한 대제사장들의 계획

- **마26:3-5** 그 때에 대제사장들과 백성의 장로들이 가야바라 하는 대제사장의 관정에 모여 예수를 흉계로 잡아 죽이려고 의논하되 말하기를 민란이 날까 하노니 명절에는 하지 말자 하더라
- **마26:12** 이 여자가 내 몸에 이 향유를 부은 것은 내 장례를 위하여 함이니라
- **마26:14-16** 그 때에 열둘 중의 하나인 가룟 유다라 하는 자가 대제사장들에게 가서 말하되 내가 예수를 너희에게 넘겨 주리니 얼마나 주려느냐 하니 그들이 은 삼십을 달아 주거늘 그가 그 때부터 예수를 넘겨 줄 기회를 찾더라
- **마26:21-25** • **마26:46-50** • **마26:57-59**

에스더 3장
유대인을 몰살키 위한 하만의 계획

- **에3:1-6** … 왕의 모든 신하들이 다 왕의 명령대로 하만에게 꿇어 절하되 모르드개는 꿇지도 아니하고 절하지도 아니하니 대궐 문에 있는 왕의 신하들이 모르드개에게 이르되 너는 어찌하여 왕의 명령을 거역하느냐 하고 날마다 권하되 모르드개가 듣지 아니하고 자기는 유다인임을 알렸더니 그들이 모르드개의 일이 어찌 되나 보고자 하여 하만에게 전하였더라 하만이 모르드개가 무릎을 꿇지도 아니하고 절하지도 아니함을 보고 매우 노하더니 그들이 모르드개의 민족을 하만에게 알리므로 하만이 모르드개만 죽이는 것이 부족하다고 생각하고 아하수에로의 온 나라에 있는 유다인 곧 모르드개의 민족을 다 멸하고자 하더라
- **에3:8-9** • **에3:13**

사도행전 26장
변명을 통한 바울의 복음 계획

- **행26:13-18** …사울아 사울아 네가 어찌하여 나를 박해하느냐 가시채를 뒷발질하기가 네게 고생이니라 내가 대답하되 주님 누구시니이까 주께서 이르시되 나는 네가 박해하는 예수라 일어나 너의 발로 서라 내가 네게 나타난 것은 곧 네가 나를 본 일과 장차 내가 네게 나타날 일에 너로 종과 증인을 삼으려 함이니 이스라엘과 이방인들에게서 내가 너를 구원하여 그들에게 보내어 그 눈을 뜨게 하여 어둠에서 빛으로, 사탄의 권세에서 하나님께로 돌아오게 하고 죄 사함과 나를 믿어 거룩하게 된 무리 가운데서 기업을 얻게 하리라 하더이다
- **행26:21-24** • **행26:28-29** • **행26:31-32**

묵 상
(연합내용)

사람은 이 세상에 살면서 나름대로 자신을 위한 계획을 세운다. 그렇지만 그 모든 계획은 결국 하나님의 구속사를 이루는 과정이 된다.

묵상을 위한 질문

1. 족장 이삭의 축복기도가 어떤 절대성을 가지고 있었나요?

2. 가인이 아벨을 죽임같이, 에서는 야곱을 죽이려고 했는데 결과는 어떻게 되었나요?

3. 모두가 예수를 죽이려고 하는 상황가운데서 한 여자가 향유 한 옥합을 가지고 와서 예수의 머리에 부은 것은 어떤 의미를 갖을까요?

4. 닭 울기 전 예언대로 베드로가 예수님을 부인한 일은 어떤 의미를 갖을까요?

5. 모르드개가 하만에게 궁지도 아니하고 절하지도 아니한 이유는 무엇일까요?

6. 하만이 아하수에로왕의 전권을 위임받아 유대인을 멸하려고 했던 이유는 무엇일까요?

7. 아그립바왕 앞에서 변명한 바울의 간증설교는 어떤 결과를 낳았을까요?

8. 생명의 위협 앞에서 베드로의 부인과 바울의 복음변명은 어떤 교훈을 줄까요?

적 용

1. 가정의 가장으로서 축복을 선포할 만한 권세가 있음을 믿고 사용하게 하옵소서.
2. 어떤 상황 속에서도 옥합을 깰 수 있는 실천적인 믿음을 주옵소서.
3. 모르드개나 바울처럼 어떤 상황 속에서도 비굴해지지 않는 담대함을 주옵소서.

기 도

- 어떤 위기가 있습니까? 위기를 통해 예비 된 축복을 바라보며 은혜의 보좌 앞에 담대히 나아가십시오.
- 이 땅의 복이 아닌 하늘의 복을 바라십시오. 박해, 회개함, 기도, 십자가는 이 시대 우리에게 주어진 축복의 모습들입니다.

27 일차 / 365 보호

맥체인 읽기표: 1월 27일
나의 묵상일: 월 일

- 맥체인성경의 통독구조<27>

신구약 4장을 읽을 때 특별히 교훈을 찾기 어려운 분문을 만나면 다른 본문을 통해 충분한 교훈을 얻을 수 있는 구조다. 예를 들어 구약에 족보만 나오는 장이 있을 때 신약은 족보와 연관된 풍성한 다른 내용이 펼쳐짐으로 충분한 교훈을 얻게 된다.

- 찬송가 | 96장
- 말 씀 | 창세기 28장 / 마태복음 27장 / 에스더 4장 / 사도행전 27장

창세기 28장
도망자 야곱과 함께하시며 보호하심

- **창28:3-4** 전능하신 하나님이 네게 복을 주시어 네가 생육하고 번성하게 하여 네가 여러 족속을 이루게 하시고 아브라함에게 허락하신 복을 네게 주시되 너와 너와 함께 네 자손에게도 주사 하나님이 아브라함에게 주신 땅 곧 네가 거류하는 땅을 네가 차지하게 하시기를 원하노라
- **창28:13-15** 또 본즉 여호와께서 그 위에 서서 이르시되 나는 여호와니 너의 조부 아브라함의 하나님이요 이삭의 하나님이라 네가 누워 있는 땅을 내가 너와 네 자손에게 주리니 네 자손이 땅의 티끌 같이 되어 네가 서쪽과 동쪽과 북쪽과 남쪽으로 퍼져나갈지며 땅의 모든 족속이 너와 네 자손으로 말미암아 복을 받으리라 내가 너와 함께 있어 네가 어디로 가든지 너를 지키며 너를 이끌어 이 땅으로 돌아오게 할지라 내가 네게 허락한 것을 다 이루기까지 너를 떠나지 아니하리라 하신지라
- **창28:20-22**

마태복음 27장
예수가 사명을 다할 때까지 보호하심

- **마27:3-5** 그 때에 예수를 판 유다가 그의 정죄됨을 보고 스스로 뉘우쳐 그 은 삼십을 대제사장들과 장로들에게 도로 갖다 주며 이르되 내가 무죄한 피를 팔고 죄를 범하였도다 하니 그들이 이르되 그것이 우리에게 무슨 상관이냐 네가 당하라 하거늘 유다가 은을 성소에 던져 넣고 물러가서 스스로 목매어 죽은지라
- **마27:17-19** …총독이 재판석에 앉았을 때에 그의 아내가 사람을 보내어 이르되 저 옳은 사람에게 아무 상관도 하지 마옵소서 오늘 꿈에 내가 그 사람으로 인하여 애를 많이 태웠나이다 하더라
- **마27:24-26** • **마27:46** • **마27:50-54**
- **마27:58-60**

에스더 4장
사명자 에스더와 함께하시며 보호하심

- **에4:3-9** …왕후가 매우 근심하여 입을 의복을 모르드개에게 보내어 그 굵은 베 옷을 벗기고자 하나 모르드개가 받지 아니하는지라 … 모르드개가 자기가 당한 모든 일과 하만이 유다인을 멸하려고 왕의 금고에 바치기로 한 은의 정확한 액수를 하닥에게 말하고 또 유다인을 진멸하라고 수산 궁에서 내린 조서 초본을 하닥에게 주어 에스더에게 보여 알게 하고 또 그에게 부탁하여 왕에게 나아가서 그 앞에서 자기 민족을 위하여 간절히 구하라 하니 하닥이 돌아와 모르드개의 말을 에스더에게 알리매
- **에4:16**

사도행전 27장
압송자 바울과 함께하시며 보호하심

- **행27:1-3** 우리가 배를 타고 이달리야에 가기로 작정되매 바울과 다른 죄수 몇 사람을 아구스도대의 백부장 율리오란 사람에게 맡기니 아시아 해변 각처로 가려 하는 아드라뭇데노 배에 우리가 올라 항해할새 마게도냐의 데살로니가 사람 아리스다고도 함께 하니라 이튿날 시돈에 대니 율리오가 바울을 친절히 대하여 친구들에게 가서 대접 받기를 허락하더니
- **행27:14-26** • **행27:33-37**

묵 상
(연합내용)

하나님은 선택하신 자와 항상 함께 하시며 그가 마지막 사명을 다할 때까지 인도하시고 보호하신다.

묵상을 위한 질문

1. 아버지 이삭에게 사랑을 받던 에서가 아버지 뜻과 전혀 다른 방향으로 행동하며 살아간 것은 무엇 때문일까요?

2. 하나님이 꿈을 통해 야곱에게 나타나신 이유와 야곱이 하나님의 임재를 체험한 후 달라진 것은 무엇이었나요?

3. 예수님의 제자인 가룟유다가 죄에 대해 깨닫고 성소에 돈을 던져 넣고 그 후, 자살한 것은 어떤 문제를 남겨 놓은 것일까요?

4. 예수님께서 운명하실 때 외친 말씀과 하나님의 침묵은 어떤 의미가 있을까요?

5. 민족의 위기 앞에 놓인 유다인은 하나님 앞에서 어떤 행동을 했나요?

6. 민족의 위기 앞에 놓은 에스더는 하나님 앞에서 어떤 행동을 했나요?

7. 압송 중에 있는 바울이 유라굴로 태풍을 만났을 때 모든 사람들에게 소망을 불어넣을 수 있었던 것은 그가 소유하고 있는 무엇 때문이었을까요?

8. 276명의 생명을 살린 바울은 로마에 있는 누구를 만나 무엇을 하려고 했나요?

적 용

1. 미숙하고 부족하여도 항상 우리와 함께 계시며 꿈을 이루어 주옵소서.
2. 어렵고 힘들 때 하나님의 침묵이 있어도 은혜를 의심하지 않게 하옵소서.
3. 감당해야 할 사명이 있을 때 더 큰 믿음을 주옵소서.

기 도

- 부정의 상황 가운데서도 하나님과 하나님 나라를 위한 선한 서원을 하고, 갚으십시오.
- 죽으면 죽으리라는 각오로 구원의 여망이 없는 상황 가운데서도 금식함으로 기도하십시오.
- 그 길이 십자가의 길입니다.

28 일차 / 365 반전

맥체인 읽기표: 1월 28일
나의 묵상일: 월 일

● 맥체인성경의 통독구조<28>

성경을 내용 중심뿐만이 아니라 적용 중심으로 보게 하는 구조다. 일반적으로 적용은 한 본문일 경우 단면적 교훈을 찾게 된다. 하지만 4장의 본문임으로 현실상황에 맞는 응용적 교훈을 찾아 적용할 수 있게 된다.

● 찬송가 | 391장

● 말 씀 | 창세기 29장 / 마태복음 28장 / 에스더 5장 / 사도행전 28장

창세기 29장
도망자가 가정을 이루는 행복의 반전

- **창29:9-20** … 라반에게 두 딸이 있으니 언니의 이름은 레아요 아우의 이름은 라헬이라 레아는 시력이 약하고 라헬은 곱고 아리따우니 야곱이 라헬을 더 사랑하므로 대답하되 내가 외삼촌의 작은 딸 라헬을 위하여 외삼촌에게 칠 년을 섬기리이다 라반이 이르되 그를 네게 주는 것이 타인에게 주는 것보다 나으니 나와 함께 있으라 야곱이 라헬을 위하여 칠 년 동안 라반을 섬겼으나 그를 사랑하는 까닭에 칠 년을 며칠 같이 여겼더라
- **창29:23** 저녁에 그의 딸 레아를 야곱에게로 데려가매 야곱이 그에게로 들어가니라
- **창29:28** • **창29:32-35**

마태복음 28장
십자가의 죽음을 이긴 부활의 반전

- **마28:5-10** 천사가 여자들에게 말하여 이르되 너희는 무서워하지 말라 십자가에 못 박히신 예수를 너희가 찾는 줄을 내가 아노라 그가 여기 계시지 않고 그가 말씀 하시던 대로 살아나셨느니라 … 그 여자들이 무서움과 큰 기쁨으로 빨리 무덤을 떠나 제자들에게 알리려고 달음질할새 예수께서 그들을 만나 이르시되 평안하냐 하시거늘 여자들이 나아가 그 발을 붙잡고 경배하니 이에 예수께서 이르시되 무서워하지 말라 가서 내 형제들에게 갈릴리로 가라 하라 거기서 나를 보리라 하시니라
- **마28:18-20**

에스더 5장
왕이 금 규를 내미는 사랑의 반전

- **에5:1-5** 제삼일에 에스더가 왕후의 예복을 입고 왕궁 안 뜰 곧 어전 맞은편에 서니 왕이 어전에서 전 문을 대하여 왕좌에 앉았다가 왕후 에스더가 뜰에 선 것을 본즉 매우 사랑스러우므로 손에 잡았던 금 규를 그에게 내미니 에스더가 가까이 가서 금 규 끝을 만진지라 왕이 이르되 왕후 에스더여 그대의 소원이 무엇이며 요구가 무엇이냐 나라의 절반이라도 그대에게 주겠노라 하니 에스더가 이르되 오늘 내가 왕을 위하여 잔치를 베풀었사오니 왕이 좋게 여기시거든 하만과 함께 오소서 하니 왕이 이르되 에스더가 말한 대로 하도록 하만을 급히 부르라 하고 이에 왕이 하만과 함께 에스더가 베푼 잔치에 가니라
- **에5:8** • **에5:12-14**

사도행전 28장
독사와 유대를 극복한 바울의 반전

- **행28:3-6** 바울이 나무 한 묶음을 거두어 불에 넣으니 뜨거움으로 말미암아 독사가 나와 그 손을 물고 있는지라 원주민들이 이 짐승이 그 손에 매달려 있음을 보고 서로 말하되 진실로 이 사람은 살인한 자로다 바다에서는 구조를 받았으나 공의가 그를 살지 못하게 함이로다 하더니 바울이 그 짐승을 불에 떨어 버리매 조금도 상함이 없더라 그들은 그가 붓든지 혹은 갑자기 쓰러져 죽을 줄로 기다렸다가 오래 기다려도 그에게 아무 이상이 없음을 보고 돌이켜 생각하여 말하되 그를 신이라 하더라
- **행28:16-20** • **행28:23-28** • **행28:30-31**

묵 상
(연합내용)

하나님은 자신이 선택한 자를 구원하시고 또 그가 맡은 사역을 감당할 수 있도록 상식을 뛰어넘는 반전의 역사를 계획하시며 이루신다.

묵상을 위한 질문

1. 야곱이 하란으로 가다가 하나님 임재의 꿈을 꾼 후 제일 먼저 한 일은 무엇일까요?

2. 야곱은 라반의 집에서 무엇을 얻기 위하여 성실히 일을 했나요?

3. 성경을 볼 때 예수 그리스도의 부활이 역사적 사실임을 무엇을 알 수 있을까요?

4. 예수 그리스도의 부활은 목격한 자와 그렇지 못한 자의 삶은 어떻게 달랐나요?

5. 왕후의 예복을 입고 어전 맞은 편에 선 에스더의 모습이 아하수에로왕의 눈에 매우 사랑스럽게 보인 것은 무엇 때문이었을까요?

6. 하만의 음모를 무산시키기 위해 에스더가 발휘한 지혜는 무엇이었나요?

7. 바울이 독사에 물렸어도 아무런 일이 없었을 때 섬사람들은 어떤 반응을 보였나요?

8. 유대인이 끝까지 복음을 거절하였을 때 바울이 취한 두 가지의 태도(대안)는 무엇이었나요?

적 용

1. 하나님이 주시는 꿈을 꾸고 새로운 삶으로 담대히 나아가게 하옵소서.
2. 부활의 신앙을 가지고 담대히 복음을 전하게 하옵소서.
3. 어려운 일을 만났을 때 차분한 마음을 주시고 지혜롭게 풀어가게 하옵소서.

기 도

- 천지를 창조하신 하나님은 "생육하고 번성하여 땅에 충만하라"(창 1:27)는 명령을 내리셨습니다.
- 십자가에 달리신 주님은 부활 후 제자들에게 나타나셔서 "너희는 가서 모든 민족으로 제자를 삼으라"(마 28:19)는 명령을 내리셨습니다.
- 이는 모두 하나님 나라의 씨의 번성을 위한 명령입니다. 이 명령을 받은 우리가 순종하여 나아갈 부분은 어떤 것입니까?

29 일차 / 365 방법

맥체인 읽기표: 1월 29일
나의 묵상일: 월 일

- 맥체인성경의 통독구조<29>

성경을 통독하는 이유는 먼저 내용을 알기 위함이다. 하지만 좀 더 나가 묵상을 하고 그 내용을 삶에 적용하기 위함이다. 이를 위하여 다양한 사건의 본문을 대하는 것은 통독자에게 매우 유익하다. 이런 유익함을 제공하는 구조를 맥체인성경은 가지고 있다.

- 찬송가 | 441장
- 말 씀 | 창세기 30장 / 마가복음 1장 / 에스더 6장 / 로마서 1장

창세기 30장 / 자기의 수익을 얻기 위한 방법

- **창30:1-13** 라헬이 자기가 야곱에게서 아들을 낳지 못함을 보고 그의 언니를 시기하여 야곱에게 이르되 내게 자식을 낳게 하라 그렇지 아니하면 내가 죽겠노라…레아가 이르되 기쁘도다 모든 딸들이 나를 기쁜 자라 하리로다 하고 그의 이름을 아셀이라 하였더라
- **창30:22-24** 하나님이 라헬을 생각하신지라 하나님이 그의 소원을 들으시고 그의 태를 여셨으므로 그가 임신하여 아들을 낳고 이르되 하나님이 내 부끄러움을 씻으셨다 하고 그 이름을 요셉이라 하니 여호와는 다시 다른 아들을 내게 더하시기를 원하노라 하였더라
- **창30:30-39** • **창30:43**

마가복음 1장 / 죄인이 속죄를 받을 수 있는 방법

- **막1:1,4-8** 하나님의 아들 예수 그리스도의 복음의 시작이라, 세례 요한이 광야에 이르러 죄 사함을 받게 하는 회개의 세례를 전파하니 온 유대 지방과 예루살렘 사람이 다 나아가 자기 죄를 자복하고 요단 강에서 그에게 세례를 받더라…나는 너희에게 물로 세례를 베풀었거니와 그는 너희에게 성령으로 세례를 베푸시리라
- **막1:14-17** 요한이 잡힌 후 예수께서 갈릴리에 오셔서 하나님의 복음을 전파하여 이르시되 때가 찼고 하나님의 나라가 가까이 왔으니 회개하고 복음을 믿으라 하시더라 … 예수께서 이르시되 나를 따라오라 내가 너희로 사람을 낚는 어부가 되게 하리라 하시니
- **막1:23-26** • **막1:35**

에스더 6장 / 은인을 복주기 위한 지혜로운 방법

- **에6:1-3** 그 날 밤에 왕이 잠이 오지 아니하므로 명령하여 역대 일기를 가져다가 자기 앞에서 읽히더니 …왕이 이르되 이 일에 대하여 무슨 존귀와 관작을 모르드개에게 베풀었느냐 하니 측근 신하들이 대답하되 아무것도 베풀지 아니하였나이다 하니라
- **에6:6-10** 하만이 들어오거늘 왕이 묻되 왕이 존귀하게 하기를 원하는 사람에게 어떻게 하여야 하겠느냐 하만이 심중에 이르되 왕이 존귀하게 하기를 원하시는 자는 나 외에 누구리요 하고 … 너는 네 말대로 속히 왕복과 말을 가져다가 대궐 문에 앉은 유다 사람 모르드개에게 행하되 무릇 네가 말한 것에서 조금도 빠짐이 없이 하라
- **에6:13-14**

로마서 1장 / 바울이 로마인에게 복음을 전하는 방법

- **롬1:2-4** 이 복음은 하나님이 선지자들을 통하여 그의 아들에 관하여 성경에 미리 약속하신 것이라 그의 아들에 관하여 말하면 육신으로는 다윗의 혈통에서 나셨고 성결의 영으로는 2)죽은 자들 가운데서 부활하사 능력으로 하나님의 아들로 선포되셨으니 곧 우리 주 예수 그리스도시니라
- **롬1:7, 11** 로마에서 하나님의 사랑하심을 받고 성도로 부르심을 받은 모든 자에게 하나님 우리 아버지와 주 예수 그리스도로부터 은혜와 평강이 있기를 원하노라, 내가 너희 보기를 간절히 원하는 것은 어떤 신령한 은사를 너희에게 나누어 주어 너희를 견고하게 하려 함이니
- **롬1:14-17, 18, 21, 24, 26, 28, 32**

• 하나님 마음 알아가기 • 나(우리)에게 주시는 말씀

묵 상
(연합내용)

삶에는 수시로 문제가 발생한다. 그 때 하나님은 믿는 자에게 그 상황과 시대에 맞는 방법을 깨닫게 하시고 지혜롭게 실천하도록 도우신다.

묵상을 위한 질문

1. 야곱에게 사랑을 받던 라헬은 레아를 시기하여 어떤 행동을 취했나요?

2. 야곱은 라반의 집에서 어떤 방법으로 재산을 모았나요?

3. 세례요한이 행한 하나님이 기뻐하시는 일 두 가지는 무엇일까요?

4. 세상 죄를 지고 가신 예수님이 행하신 대표적인 일 세 가지는 무엇일까요?

5. 에스더가 마련한 잔치를 앞둔 전날 밤 아하수에로왕은 무엇을 했나요?

6. 아하수에로왕의 지혜로움과 하만의 미련함은 어떤 미래를 만들었나요?

7. 사도로 부르심을 받고 택정함을 입은 바울은 복음에 대해 어떤 자세를 가졌나요?

8. 바울은 죄인의 영육이 완전부패한 현주소를 어떤 마음의 상태로 설명했나요?

적 용

기 도

• 우리가 매일 하는 일에 큰 열매를 주옵소서.
• 예수님이 우리에게 보여주신 구체적인 삶을 날마다 좇아가게 하옵소서.
• 복음에 대한 분명한 이해와 믿음, 그리고 전파방법을 갖게 하옵소서.

말씀 암송

30 일차 / 365 해결

맥체인 읽기표: 1월 30일
나의 묵상일: 월 일

● 맥체인성경의 통독구조<30>

전혀 다른 역사 속에서 믿는 자에게 발생했던 많은 문제들을 현재라는 시점에서 종합하여 묵상하고 현재의 문제를 창조적으로 해결해 가도록 돕는 구조이다.

● 찬송가 | 486장

● 말 씀 | 창세기 31장 / 마가복음2장 / 에스더 7장 / 로마서 2장

창세기 31장 / 야곱의 20년된 숙제가 하나님 안에서 해결됨

- **창31:1-3** 야곱이 라반의 아들들이 하는 말을 들은즉 야곱이 우리 아버지의 소유를 다 빼앗고 우리 아버지의 소유로 말미암아 이 모든 재물을 모았다 하는지라 … 여호와께서 야곱에게 이르시되 네 조상의 땅 네 족속에게로 돌아가라 내가 너와 함께 있으리라 하신지라
- **창31:7** 그대들의 아버지가 나를 속여 품삯을 열 번이나 변경하였느니라 그러나 하나님이 그를 막으사 나를 해치지 못하게 하셨으며
- **창31:12-13** 이르시되 네 눈을 들어 보라 양 떼를 탄 숫양은 다 얼룩무늬 있는 것, 점 있는 것과 아롱진 것이니라 … 네가 거기서 기둥에 기름을 붓고 거기서 내게 서원하였으니 지금 일어나 이 곳을 떠나서 네 출생지로 돌아가라 하셨느니라
- **창31:16, 20-22, 27-29, 36, 40-42**

마가복음 2장 / 중풍병자와 마태의 죄가 주 안에서 해결됨

- **막2:3-5** 사람들이 한 중풍병자를 네 사람에게 메워 가지고 예수께로 올새 무리들 때문에 예수께 데려갈 수 없으므로 그 계신 곳의 지붕을 뜯어 구멍을 내고 중풍병자가 누운 상을 달아 내리니 예수께서 그들의 믿음을 보시고 중풍병자에게 이르시되 작은 자야 네 죄 사함을 받았느니라 하시니
- **막2:10** 그러나 인자가 땅에서 죄를 사하는 권세가 있는 줄을 너희로 알게 하려 하노라 하시고 중풍병자에게 말씀하시되
- **막2:17** 예수께서 들으시고 그들에게 이르시되 건강한 자에게는 의사가 쓸 데 없고 병든 자에게라야 쓸 데 있느니라 나는 의인을 부르러 온 것이 아니요 죄인을 부르러 왔노라 하시니라
- **막2:22, 27-28**

에스더 7장 / 하만의 음모가 잔치에서 공개됨으로 해결됨

- **에7:2-7** 왕이 이 둘째 날 잔치에 술을 마실 때에 다시 에스더에게 물어 이르되 왕후 에스더여 그대의 소청이 무엇이냐 곧 허락하겠노라 그대의 요구가 무엇이냐 곧 나라의 절반이라 할지라도 시행하겠노라 왕후 에스더가 대답하여 이르되 왕이여 내가 만일 왕의 목전에서 은혜를 입었으며 왕이 좋게 여기시면 내 소청대로 내 생명을 내게 주시고 내 요구대로 내 민족을 내게 주소서 나와 내 민족이 팔려서 죽임과 도륙함과 진멸함을 당하게 되었나이다 … 하만이 일어서서 왕후 에스더에게 생명을 구하니 이는 왕이 자기에게 벌을 내리기로 결심한 줄 앎이더라
- **에7:9-10**

로마서 2장 / 율법과 할례의 문제가 믿음으로 해결됨

- **롬2:6-15** 하나님께서 각 사람에게 그 행한 대로 보응하시되 참고 선을 행하여 영광과 존귀와 썩지 아니함을 구하는 자에게는 영생으로 하시고 …무릇 율법 없이 범죄한 자는 또한 율법 없이 망하고 무릇 율법이 있고 범죄한 자는 율법으로 말미암아 심판을 받으리라 하나님 앞에서는 율법을 듣는 자가 의인이 아니요 오직 율법을 행하는 자라야 의롭다 하심을 얻으리니 …
- **롬2:28-29** 무릇 표면적 유대인이 유대인이 아니요 표면적 육신의 할례가 할례가 아니니라 오직 이면적 유대인이 유대인이며 할례는 마음에 할지니 영에 있고 율법 조문에 있지 아니한 것이라 그 칭찬이 사람에게서가 아니요 다만 하나님에게서니라

묵 상
(연합내용)

인간은 언제나 죄의 영향력 안에서 자유로울 수 없다. 그로 인하여 늘 한계에 갇혀 어둠 속에 살게 된다. 그 모든 죄책의 굴레를 벗도록 하나님은 믿는 자에게 은혜의 길을 열어 해결해 주신다.

묵상을
위한
질문

1. 외삼촌 라반과 처남들의 안색이 변하는 것을 느낀 야곱은 어떤 방법으로 이 문제를 해결하려고 했나요?

2. 하나님은 매 순간마다 야곱에게 나타나셔서 어떤 종류의 말씀을 해 주셨나요?

3. 중풍병자가 병에 걸린 원인은 무엇이었나요?

4. 예수님께서 죄인 세리 마태를 제자로 부르신 이유는 무엇일까요?

5. 아하수에로왕이 에스더의 말을 듣고 총애하던 하만을 즉결심판하게 된 것은 실제적으로 어떤 이유와 과정이 있었을까요?

6. 결국 에스더가 마련한 잔치는 어떤 두 가지의 의미를 지니고 있을까요?

7. 바울은 로마인들에게 율법의 굴레를 어떻게 설명하여 해결했나요?

8. 바울은 로마인들에게 할례의 굴레를 어떻게 설명하여 해결했나요?

적 용

기 도

• 늘 성실하고 진실하게 살도록 믿음을 하옵소서.
• 죄로 인하여 무너진 인성과 죄의 삯으로 얻은 병을 주 안에서 풀게 하옵소서.
• 복음을 전할 때 거침돌인 난제를 만나면 지혜롭게 답할 수 있도록 하옵소서.

말씀
암송

31 일차 / 365 해결

맥체인 읽기표: 1월 31일
나의 묵상일: 월 일

- 맥체인성경의 통독구조<31>

한권의 여러 장을 읽을 때 전체 대강의 줄거리를 묵상하는 일반적인 통독과는 달리, 다른 네 권의 한 장씩을 합쳐 네 장을 읽고 링크된 내용을 묵상함으로 다양하게 역사하신 하나님의 구속사를 깨닫는 구조이다.

- 찬송가 | 400장
- 말 씀 | 창세기 32장 / 마가복음 3장 / 에스더 8장 / 로마서 3장

창세기 32장 / 야곱이 어떤 사람과 씨름하여 축복받음

- **창32:4~6** 그들에게 명령하여 이르되 너희는 내 주 에서에게 이같이 말하라 주의 종 야곱이 이같이 말하기를 내가 라반과 함께 거류하며 지금까지 머물러 있었사오며 … 내 주께 은혜 받기를 원하나이다 하라 하였더니 사자들이 야곱에게 돌아와 이르되 우리가 주인의 형 에서에게 이른즉 그가 사백 명을 거느리고 주인을 만나려고 오더이다
- **창32:9** 야곱이 또 이르되 내 조부 아브라함의 하나님, 내 아버지 이삭의 하나님 여호와여 주께서 전에 내게 명하시기를 네 고향, 네 족속에게로 돌아가라 내가 네게 은혜를 베풀리라 하셨나이다
- **창32:12, 16-18, 20, 24-28**

마가복음 3장 / 예수님이 반대자, 서기관들과 씨름하여 교훈을 남김

- **막3:1-5** 예수께서 다시 회당에 들어가시니 한쪽 손 마른 사람이 거기 있는지라 사람들이 예수를 고발하려 하여 안식일에 그 사람을 고치시는가 주시하고 있거늘 예수께서 손 마른 사람에게 이르시되 한 가운데에 일어서라 하시고 그들에게 이르시되 안식일에 선을 행하는 것과 악을 행하는 것, 생명을 구하는 것과 죽이는 것, 어느 것이 옳으냐 하시니 그들이 잠잠하거늘 그들의 마음이 완악함을 탄식하사 노하심으로 그들을 둘러 보시고 그 사람에게 이르시되 네 손을 내밀라 하시니 내밀매 그 손이 회복되었더라
- **막3:14-15** 이에 열둘을 세우셨으니 이는 자기와 함께 있게 하시고 또 보내사 전도도 하며 귀신을 내쫓는 권능도 가지게 하려 하심이러라
- **막3:22-30, 35**

에스더 8장 / 모르드개가 긴박한 상황과 씨름하여 민족을 구함

- **에8:2-5** 왕이 하만에게서 거둔 반지를 빼어 모르드개에게 준지라 에스더가 모르드개에게 하만의 집을 관리하게 하니라 에스더가 다시 왕 앞에서 말씀하며 왕의 발 아래 엎드려 아각 사람 하만이 유다인을 해하려 한 악한 꾀를 제거하기를 울며 구하니 왕이 에스더를 향하여 금 규를 내미는지라 에스더가 일어나 왕 앞에 서서 이르되 왕이 만일 즐거워하시며 내가 왕의 목전에 은혜를 입었고 또 왕이 이 일을 좋게 여기시며 나를 좋게 보실진대 조서를 내리사 아각 사람 함므다다의 아들 하만이 왕의 각 지방에 있는 유다인을 진멸하려고 꾀하고 쓴 조서를 철회하소서
- **에8:8-10, 14, 16-17**

로마서 3장 / 바울이 불신, 편견, 이견과 씨름하여 복음을 정립함

- **롬3:4-6** 그럴 수 없느니라 사람은 다 거짓되되 오직 하나님은 참되시다 할지어다 기록된 바 주께서 주의 말씀에 의롭다 함을 얻으시고 판단 받으실 때에 이기려 하심이라 함과 같으니라 그러나 우리 불의가 하나님의 의를 드러나게 하면 무슨 말 하리요 [내가 사람의 말하는 대로 말하노니] 진노를 내리시는 하나님이 불의하시냐 결코 그렇지 아니하니라 만일 그러하면 하나님께서 어찌 세상을 심판하시리요
- **롬3:19-28** 우리가 알거니와 무릇 율법이 말하는 바는 율법 아래에 있는 자들에게 말하는 것이니 이는 모든 입을 막고 온 세상으로 하나님의 심판 아래에 있게 하려 함이라 … 그러므로 사람이 의롭다 하심을 얻는 것은 율법의 행위에 있지 않고 믿음으로 되는 줄 우리가 인정하노라

묵 상 (연합내용)

구원과 축복은 쉽게 얻을 수 있는 것이 아니다. 오직 주 안에서 믿음과 온전한 인내로 모든 죄악과 싸워 이기는 자에게 주어지는 것이다.

묵상을 위한 질문

1. 야곱이 형 에서와의 불편한 관계를 풀기 위하여 사용한 두 가지 방법은 무엇일까요?
2. 야곱과 씨름하던 어떤 사람은 야곱을'이스라엘'이라 개명하였고, 야곱은 씨름했던 장소를 '브니엘'이라 작명했습니다. 성경에서 이름을 새롭게 하는 것는 어떤 의미가 있을까요?
3. 예수님은 안식일을 어떤 날로 이해하고 가르치셨나요?
4. 예수님은 어머니, 형제, 자매를 어떻게 이해하고 가르치셨나요?
5. 모르드개는 하만이 먼저 반포한 동족진멸의 급박한 상황 속에서, 아하수에로왕에게 받은 반지로 어떤 내용의 조서를 다시 작성하여 신속히 반포하고 민족을 구원했나요?
6. 하만과 모르드개의 사건을 보면서 힘과 승리의 논리는 어디에 있음을 알 수 있을까요?
7. 당시 유대인과 할례자들은 무엇으로 하나님의 의를 이룰 수 있다고 생각했나요?
8. 바울은 로마에 있는 유대인과 헬라인에게 율법과 믿음의 관계를 어떻게 설명했나요?

적 용

기 도

- 어려운 문제를 철야하며 주님께 아뢰어 기도로 해결하는 경건을 주옵소서.
- 주께서 한 교회를 섬기도록 맺어주신 성도를 가족처럼 사랑하게 하옵소서.
- 복음의 내용에 대한 확신과 정열적인 전파를 위한 성령충만을 주옵소서.

말씀 암송

3장 부록

JANUARY 1 1일차 1월

창세기 1장

천지 창조

1 태초에 하나님이 천지를 창조하시
니라
2 땅이 [1]혼돈하고 공허하며 흑암이 깊
음 위에 있고 하나님의 영은 수면 위
에 운행하시니라
3 하나님이 이르시되 빛이 있으라 하
시니 빛이 있었고
4 빛이 하나님이 보시기에 좋았더라
하나님이 빛과 어둠을 나누사
5 하나님이 빛을 낮이라 부르시고 어
둠을 밤이라 부르시니라 저녁이 되
고 아침이 되니 이는 첫째 날이니라
6 하나님이 이르시되 물 가운데에 궁
창이 있어 물과 물로 나뉘라 하시고
7 하나님이 궁창을 만드사 궁창 아래
의 물과 궁창 위의 물로 나뉘게 하시
니 그대로 되니라
8 하나님이 궁창을 하늘이라 부르시
니라 저녁이 되고 아침이 되니 이는
둘째 날이니라
9 하나님이 이르시되 천하의 물이
한 곳으로 모이고 뭍이 드러나라 하
시니 그대로 되니라
10 하나님이 뭍을 땅이라 부르시고 모
인 물을 바다라 부르시니 하나님이
보시기에 좋았더라
11 하나님이 이르시되 땅은 풀과 씨 맺는
채소와 각기 종류대로 씨 가진 열매 맺
는 나무를 내라 하시니 그대로 되어
12 땅이 풀과 각기 종류대로 씨 맺는 채
소와 각기 종류대로 씨 가진 열매 맺
는 나무를 내니 하나님이 보시기에
좋았더라
13 저녁이 되고 아침이 되니 이는 셋째
날이니라
14 하나님이 이르시되 하늘의 궁창에
[2]광명체들이 있어 낮과 밤을 나뉘게
하고 그것들로 징조와 계절과 날과
해를 이루게 하라
15 또 광명체들이 하늘의 궁창에 있어
땅을 비추라 하시니 그대로 되니라
16 하나님이 두 큰 광명체를 만드사 큰
광명체로 낮을 주관하게 하시고 작
은 광명체로 밤을 주관하게 하시며
또 별들을 만드시고
17 하나님이 그것들을 하늘의 궁창에
두어 땅을 비추게 하시며
18 낮과 밤을 주관하게 하시고 빛과 어
둠을 나뉘게 하시니 하나님이 보시
기에 좋았더라
19 저녁이 되고 아침이 되니 이는 넷째
날이니라
20 하나님이 이르시되 물들은 생물
을 번성하게 하라 땅 위 하늘의 궁창
에는 새가 날으라 하시고
21 하나님이 큰 바다 짐승들과 물에서
번성하여 움직이는 모든 생물을 그
종류대로, 날개 있는 모든 새를 그
종류대로 창조하시니 하나님이 보시
기에 좋았더라
22 하나님이 그들에게 복을 주시며 이
르시되 생육하고 번성하여 여러 바
닷물에 충만하라 새들도 땅에 번성
하라 하시니라
23 저녁이 되고 아침이 되니 이는 다섯
째 날이니라
24 하나님이 이르시되 땅은 생물을

1) 또는 형체가 없는 2) 히, 또는 발광체

그 종류대로 내되 가축과 기는 것과 땅의 짐승을 종류대로 내라 하시니 그대로 되니라
25 하나님이 땅의 짐승을 그 종류대로, 가축을 그 종류대로, 땅에 기는 모든 것을 그 종류대로 만드시니 하나님이 보시기에 좋았더라
26 하나님이 이르시되 우리의 형상을 따라 우리의 모양대로 우리가 사람을 만들고 그들로 바다의 물고기와 하늘의 새와 가축과 [1]온 땅과 땅에 기는 모든 것을 다스리게 하자 하시고
27 하나님이 자기 형상 곧 하나님의 형상대로 사람을 창조하시되 남자와 여자를 창조하시고
28 하나님이 그들에게 복을 주시며 하나님이 그들에게 이르시되 생육하고 번성하여 땅에 충만하라, 땅을 정복하라, 바다의 물고기와 하늘의 새와 땅에 움직이는 모든 생물을 다스리라 하시니라
29 하나님이 이르시되 내가 온 지면의 씨 맺는 모든 채소와 씨 가진 열매 맺는 모든 나무를 너희에게 주노니 너희의 먹을 거리가 되리라
30 또 땅의 모든 짐승과 하늘의 모든 새와 생명이 있어 땅에 기는 모든 것에게는 내가 모든 푸른 풀을 먹을 거리로 주노라 하시니 그대로 되니라
31 하나님이 지으신 그 모든 것을 보시니 보시기에 심히 좋았더라 저녁이 되고 아침이 되니 이는 여섯째 날이니라

마태복음 1장

예수 그리스도의 계보(눅 3:23-38)

1 아브라함과 다윗의 자손 예수 그리스도의 계보라
2 아브라함이 이삭을 낳고 이삭은 야곱을 낳고 야곱은 유다와 그의 형제들을 낳고
3 유다는 다말에게서 베레스와 세라를 낳고 베레스는 헤스론을 낳고 헤스론은 람을 낳고
4 람은 아미나답을 낳고 아미나답은 나손을 낳고 나손은 살몬을 낳고
5 살몬은 라합에게서 보아스를 낳고 보아스는 룻에게서 오벳을 낳고 오벳은 이새를 낳고
6 이새는 다윗 왕을 낳으니라 ● 다윗은 우리야의 아내에게서 솔로몬을 낳고
7 솔로몬은 르호보암을 낳고 르호보암은 아비야를 낳고 아비야는 아사를 낳고
8 아사는 여호사밧을 낳고 여호사밧은 요람을 낳고 요람은 웃시야를 낳고
9 웃시야는 요담을 낳고 요담은 아하스를 낳고 아하스는 히스기야를 낳고
10 히스기야는 므낫세를 낳고 므낫세는 아몬을 낳고 아몬은 요시야를 낳고
11 바벨론으로 사로잡혀 갈 때에 요시야는 여고냐와 그의 형제들을 낳으니라
12 ●바벨론으로 사로잡혀 간 후에 여고냐는 스알디엘을 낳고 스알디엘은 스룹바벨을 낳고
13 스룹바벨은 아비훗을 낳고 아비훗은 엘리아김을 낳고 엘리아김은 아소르를 낳고
14 아소르는 사독을 낳고 사독은 아킴을 낳고 아킴은 엘리웃을 낳고
15 엘리웃은 엘르아살을 낳고 엘르아살

1) 시리아어 역본에는 온 땅의 짐승과

은 맛단을 낳고 맛단은 야곱을 낳고
16 야곱은 마리아의 남편 요셉을 낳았
으니 마리아에게서 그리스도라 칭
하는 예수가 나시니라
17 ● 그런즉 모든 대 수가 아브라함부
터 다윗까지 열네 대요 다윗부터 바
벨론으로 사로잡혀 갈 때까지 열네
대요 바벨론으로 사로잡혀 간 후부
터 그리스도까지 열네 대더라

예수 그리스도의 나심(눅 2:1-7)

18 ● 예수 그리스도의 나심은 이러하
니라 그의 어머니 마리아가 요셉과
약혼하고 동거하기 전에 성령으로
잉태된 것이 나타났더니
19 그의 남편 요셉은 의로운 사람이라
그를 드러내지 아니하고 가만히 끊
고자 하여
20 이 일을 생각할 때에 주의 사자가 현
몽하여 이르되 다윗의 자손 요셉아
네 아내 마리아 데려오기를 무서워
하지 말라 그에게 잉태된 자는 성령
으로 된 것이라
21 아들을 낳으리니 이름을 예수라 하라
이는 그가 자기 백성을 그들의 죄에서
구원할 자이심이라 하니라
22 이 모든 일이 된 것은 주께서 선지자
로 하신 말씀을 이루려 하심이니 이
르시되
23 ㄱ보라 처녀가 잉태하여 아들을 낳
을 것이요 그의 이름은 임마누엘
이라 하리라
하셨으니 이를 번역한즉 하나님이
우리와 함께 계시다 함이라
24 요셉이 잠에서 깨어 일어나 주의 사
자의 분부대로 행하여 그의 아내를
데려왔으나
25 아들을 낳기까지 동침하지 아니하더
니 낳으매 이름을 예수라 하니라

에스라 1장

여호와께서 고레스의 마음을 감동시키다

1 바사 왕 고레스 원년에 여호와께서
예레미야의 입을 통하여 하신 말씀
을 이루게 하시려고 바사 왕 고레스의
마음을 감동시키시매 그가 온 나라에
공포도 하고 조서도 내려 이르되
2 바사 왕 고레스는 말하노니 하늘의
하나님 여호와께서 세상 모든 나라
를 내게 주셨고 나에게 명령하사 유
다 예루살렘에 성전을 건축하라 하
셨나니
3 이스라엘의 하나님은 참 신이시라 너
희 중에 그의 백성 된 자는 다 유다
예루살렘으로 올라가서 이스라엘의
하나님 여호와의 성전을 건축하라 그
는 예루살렘에 계신 하나님이시라
4 그 남아 있는 백성이 어느 곳에 머물
러 살든지 그 곳 사람들이 마땅히 은
과 금과 그 밖의 물건과 짐승으로 도
와 주고 그 외에도 예루살렘에 세울
하나님의 성전을 위하여 예물을 기
쁘게 드릴지니라 하였더라

사로잡혀 간 백성이 돌아오다

5 ● 이에 유다와 베냐민 족장들과 제
사장들과 레위 사람들과 그 마음이
하나님께 감동을 받고 올라가서 예
루살렘에 여호와의 성전을 건축하
고자 하는 자가 다 일어나니
6 그 사면 사람들이 은 그릇과 금과 물
품들과 짐승과 보물로 돕고 그 외에
도 예물을 기쁘게 드렸더라
7 고레스 왕이 또 여호와의 성전 그릇
을 꺼내니 옛적에 느부갓네살이 예
루살렘에서 옮겨다가 자기 신들의
신당에 두었던 것이라

ㄱ 사 7:14

8 바사 왕 고레스가 창고지기 미드르
닷에게 명령하여 그 그릇들을 꺼내
어 세어서 유다 총독 세스바살에게
넘겨주니
9 그 수는 금 접시가 서른 개요 은 접
시가 천 개요 칼이 스물아홉 개요
10 금 대접이 서른 개요 그보다 못한 은
대접이 사백열 개요 그밖의 그릇이
천 개이니
11 금, 은 그릇이 모두 오천사백 개라 사
로잡힌 자를 바벨론에서 예루살렘
으로 데리고 갈 때에 세스바살이 그
그릇들을 다 가지고 갔더라

사도행전 1장

성령으로 세례를 받으리라

1 데오빌로여 내가 먼저 쓴 글에는 무
릇 예수께서 행하시며 가르치시기
를 시작하심부터
2 그가 택하신 사도들에게 성령으로
명하시고 승천하신 날까지의 일을
기록하였노라
3 그가 고난 받으신 후에 또한 그들에
게 확실한 많은 증거로 친히 살아 계
심을 나타내사 사십 일 동안 그들에
게 보이시며 하나님 나라의 일을 말
씀하시니라
4 사도와 함께 모이사 그들에게 분부
하여 이르시되 예루살렘을 떠나지
말고 내게서 들은 바 아버지께서 약
속하신 것을 기다리라
5 요한은 물로 [1]세례를 베풀었으나 너
희는 몇 날이 못되어 성령으로 [1]세례
를 받으리라 하셨느니라

예수께서 하늘로 올려지시다

6 ●그들이 모였을 때에 예수께 여쭈
어 이르되 주께서 이스라엘 나라를
회복하심이 이 때니이까 하니
7 이르시되 때와 시기는 아버지께서
자기의 권한에 두셨으니 너희가 알
바 아니요
8 오직 성령이 너희에게 임하시면 너
희가 권능을 받고 예루살렘과 온 유
대와 사마리아와 땅 끝까지 이르러
내 증인이 되리라 하시니라
9 이 말씀을 마치시고 그들이 보는데
올려져 가시니 구름이 그를 가리어
보이지 않게 하더라
10 올라가실 때에 제자들이 자세히 하
늘을 쳐다보고 있는데 흰 옷 입은 두
사람이 그들 곁에 서서
11 이르되 갈릴리 사람들아 어찌하여
서서 하늘을 쳐다보느냐 너희 가운
데서 하늘로 올려지신 이 예수는 하
늘로 가심을 본 그대로 오시리라 하
였느니라

유다 대신에 맛디아를 세우다

12 ●제자들이 감람원이라 하는 산으
로부터 예루살렘에 돌아오니 이 산
은 예루살렘에서 가까워 안식일에
가기 알맞은 길이라
13 들어가 그들이 유하는 다락방으로
올라가니 베드로, 요한, 야고보, 안드
레와 빌립, 도마와 바돌로매, 마태와
및 알패오의 아들 야고보, [2]셀롯인
시몬, 야고보의 [3]아들 유다가 다 거
기 있어
14 여자들과 예수의 어머니 마리아와
예수의 아우들과 더불어 마음을 같
이하여 오로지 기도에 힘쓰더라
15 ●모인 무리의 수가 약 백이십 명이
나 되더라 그 때에 베드로가 그 형제
들 가운데 일어서서 이르되
16 형제들아 성령이 다윗의 입을 통하
여 예수 잡는 자들의 길잡이가 된 유

1) 헬, 또는 '침례' 2) 열심당 3) 또는 형제

다를 가리켜 미리 말씀하신 성경이
응하였으니 마땅하도다
17 이 사람은 본래 우리 수 가운데 참여
하여 이 [1]직무의 한 부분을 맡았던
자라
18 (이 사람이 불의의 삯으로 밭을 사고
후에 몸이 곤두박질하여 배가 터져
창자가 다 흘러 나온지라
19 이 일이 예루살렘에 사는 모든 사람
에게 알리어져 그들의 말로는 그 밭
을 아겔다마라 하니 이는 피밭이라
는 뜻이라)
20 시편에 기록하였으되
ㄱ그의 거처를 황폐하게 하시며 거
기 거하는 자가 없게 하소서
하였고 또 일렀으되
ㄴ그의 [1]직분을 타인이 취하게 하
소서
하였도다
21 이러하므로 요한의 [2]세례로부터 우리
가운데서 올려져 가신 날까지 주 예
수께서 우리 가운데 출입하실 때에
22 항상 우리와 함께 다니던 사람 중에
하나를 세워 우리와 더불어 예수께
서 부활하심을 증언할 사람이 되게
하여야 하리라 하거늘
23 그들이 두 사람을 내세우니 하나는
바사바라고도 하고 별명은 유스도라
고 하는 요셉이요 하나는 맛디아라
24 그들이 기도하여 이르되 뭇 사람의
마음을 아시는 주여 이 두 사람 중
에 누가 주님께 택하신 바 되어
25 봉사와 및 사도의 직무를 대신할 자
인지를 보이시옵소서 유다는 이 직무
를 버리고 제 곳으로 갔나이다 하고
26 제비 뽑아 맛디아를 얻으니 그가 열
한 사도의 수에 들어가니라

1) 헬, 감독의 직분 2) 헬, 또는 침례 ㄱ 시 69:25 ㄴ 시 109:8

JANUARY 2 2일차

창세기 2장

2 천지와 만물이 다 이루어지니라
2 하나님이 그가 하시던 일을 일곱
째 날에 마치시니 그가 하시던 모든
일을 그치고 일곱째 날에 안식하시
니라
3 하나님이 그 일곱째 날을 복되게 하
사 거룩하게 하셨으니 이는 하나님
이 그 창조하시며 만드시던 모든 일
을 마치시고 그 날에 안식하셨음이
니라

에덴 동산

4 ●이것이 천지가 창조될 때에 하늘
과 땅의 내력이니 여호와 하나님이
땅과 하늘을 만드시던 날에
5 여호와 하나님이 땅에 비를 내리지
아니하셨고 땅을 갈 사람도 없었으
므로 들에는 초목이 아직 없었고 밭
에는 채소가 나지 아니하였으며
6 안개만 땅에서 올라와 온 지면을 적
셨더라
7 여호와 하나님이 땅의 흙으로 사람
을 지으시고 생기를 그 코에 불어넣
으시니 사람이 [1]생령이 되니라
8 여호와 하나님이 동방의 에덴에 동
산을 창설하시고 그 지으신 사람을
거기 두시니라
9 여호와 하나님이 그 땅에서 보기에

1) 또는 형체가 없는

2. 맥체인성경 통독에 참고할 자료

● 도서

1. 『영감 넘치는 맥체인 성경읽기』 (로고스성경사역원)
2. 『영감 넘치는 맥체인 성경읽기 워크북(훈련교재)』 (로고스성경사역원)
3. 『맥체인성경읽기방법 성경 이렇게 읽읍시다』(부흥과 개혁사)
4. 『로버트 맥체인 회고록』(부흥과개혁사)
5. 『로버트 맥체인과 떠나는 여행』(부흥과 개혁사)
6. 『로버트 맥체인』(지평서원)
7. 『로버트 머리 맥체인: 하나님의 사람들』(양무리서원)
8. 『거룩을 갈망한 작은 예수 로버트 맥체인』(넥서스크로스)
9. 『로버트 M, 맥체인의 생애』(CLC)
10. 로버트 맥체인 설교집 『마태복음』,『마가복음』,『로마서』(그책의 사람들)
11. 『맥체인성경365 통독묵상 가이드』 (선교횃불)
12. 『맥체인 통독 맥잡기』 (선교횃불)

●SNS 참조

페이스북 : https://www.facebook.com/profile.php?id=100006657647442

네이버 블로그 : https://blog.naver.com/missiontorch

네이버 까페 : https://cafe.naver.com/jesuslovezone

다음 까페 : http://cafe.daum.net/missiontorch

유튜브 : 맥체인성경세미나

●맥체인성경 통독 웹사이트

드라마 바이블 : https://dramabible.org

갓피플 성경통독 어플 http://www.godpeople.com/?GO=mobile_detail&appid=93

성경타자통독 : https://bible.ctm.kr/

●오디오 성경

Hi-Fi 로고스 맥체인 전자성경

3. 출판사 서평

경건한 삶의 본을 보여준 성도의 모델 그에게서 살아 있는 하나님을 볼 수 있다

맥체인은 모든 영혼을 뜨겁게 사랑한 목회자였고, 거룩한 삶의 본을 보여준 성도의 모델 이었다. 역사적으로 수많은 성자가 세상을 거쳐 갔지만 그리스도를 가장 많이 닮은 사람을 선택하라고 하면 단연 맥체인이 될 것이다. 당시 사람들이 맥체인을 보고 "하나님이 여기 계시다"는 인상을 받을 만큼 그는 그리스도의 광채를 드러낸 사람이었다. 그의 설교를 들은 사람들은 누구도 뜨거운 은혜의 불길을 피할 수 없었다.

거룩을 갈망한 작은 예수 짧은 생애동안 맥체인이 보여준 경건한 삶은 장엄의 극치였다!

29살의 인생을 오직 하나님으로 꽉 채운[로버트 맥체인]이 넥서스CROSS에서 출간되었 다. 이 책은 설교, 목회, 신학, 기도, 선교, 영성 각 분야에서 하나님께 쓰임받은 신앙 위 인들의 삶을 차례로 조명해보는 [믿음의 거장 시리즈] 중 하나로, 국내·외 다양한 자료 를 바탕으로 로버트 맥체인의 생애와 사상, 업적과 영향력을 고르게 다루고 있다. 일반적 전기 스타일에서 벗어나 생애에 드러난 감동적인 이야기를 담고 있는 것이 특징이며, 드라마틱하면서도 구속사적인 역사관을 바탕에 깔고 있다. 깊이 있으면서도 어렵지 않게 구성되어 있어, 평신도와 신학생, 목회자에 이르기까지 누구나 부담 없이 읽을 수 있다. 믿음의 거장들의 생애를 통해 독자들은 신앙적 교훈을 얻는 것은 물론, 신앙의 도전을 받게 될 것이다.

7년을 70년처럼 목회한 사람

29년 10개월이라는 짧은 생을 살았지만 수많은 영적 거장이 로버트 맥체인을 기억하고그의 삶을 따르려 할 만큼 그는 영성의 거장이다. 그의 삶은 감히 비교를 한다면 예수님과 같은 완전한 순종의 삶을 살았다. 찰스 스펄전은 "맥체인의 전기는 모든 그리스도인이 꼭 읽어야 한다"고 강조했으며 "맥체인의 설교와 목회가 하나님의 능력에 사로잡힌 바 되었다는 말 외에 달리 표현할 길이 없다"고 극찬할 정도였다. 어린 시절 맥체인은 문예에 탁월한 소질이 있는 온화한 아이었다. 그런 그의 온화한 마음에 경건한 삶이 들어가기에는 충분했다. 그 후 형의 죽음으로 경건한 삶에 순종의 삶까지 더해져 하나님께 진정으로 쓰임받는 도구로 다시 태어난다. 그래서 7년이라는 짧은 목회기간 동안 기도와 금식으로 무장하고 주님을 모르는 작은 영혼에도 귀 기울이며 그들을 세심하게 심방하는 일까지 게을리 하지 않았다. 그의 지칠 줄 모르는 영혼 사랑은 죽는 그날까지 끊이질 않았다.

'작은 예수상'으로 남다

물론 오랫동안 하나님을 모르는 영혼들을 위해 말씀을 전하고, 그분의 놀라우신 사랑을 전하면 얼마나 좋을까? 모든 그리스도인의 바람 아닐까? 그러나 짧은 부르심에도 아랑곳 하지 않고, 살아 숨 쉬는 동안에라도 구원받지 못한 영혼을 위해 하나님을 외친 로버트 맥체인. 실제적으로 그가 이 세상에서 산 햇수는 적지만 그의 업적과 하나님을 향한 순종의 삶은 지금의 우리가 느끼고 알 정도로 영원하다. 하나님은 그런 짧지만 굵게 살다간 로버트 맥체인의 삶을 통해 그리스도의 메시지를 담은 것은 아닐까?그는 하나님과 가까이 동행했고 말과 사랑과 정신과 믿음과 순결에 있어서 성도들의 모범이었다. 그는 밤낮 쉬지 않고 영혼들을 돌보았다. 그는 어둠 속에서 방황하는 많은 영혼을 생명길로 인도함으로써 주님의 칭찬을 받았다.위 묘비의 말처럼 우리도 그와 같은 삶을 본받아야 할 것이다.

4. 365일차 맥체인 성경읽기표

1월

일차	날짜	가정		개인	
1	1/1	창 1	마 1	스 1	행 1
2	2	창 2	마 2	스 2	행 2
3	3	창 3	마 3	스 3	행 3
4	4	창 4	마 4	스 4	행 4
5	5	창 5	마 5	스 5	행 5
6	6	창 6	마 6	스 6	행 6
7	7	창 7	마 7	스 7	행 7
8	8	창 8	마 8	스 8	행 8
9	9	창9·10	마 9	스 9	행 9
10	10	창11	마10	스10	행10
11	11	창12	마11	느 1	행11
12	12	창13	마12	느 2	행12
13	13	창14	마13	느 3	행13
14	14	창15	마14	느 4	행14
15	15	창16	마15	느 5	행15
16	16	창17	마16	느 6	행16
17	17	창18	마17	느 7	행17
18	18	창19	마18	느 8	행18
19	19	창20	마19	느 9	행19
20	20	창21	마20	느10	행20
21	21	창22	마21	느11	행21
22	22	창23	마22	느12	행22
23	23	창24	마23	느13	행23
24	24	창25	마24	에 1	행24
25	25	창26	마25	에 2	행25
26	26	창27	마26	에 3	행26
27	27	창28	마27	에 4	행27
28	28	창29	마28	에 5	행28
29	29	창30	막 1	에 6	롬 1
30	30	창31	막 2	에 7	롬 2
31	31	창32	막 3	에 8	롬 3

2월

일차	날짜	가정		개인	
32	2/1	창33	막 4	에9·10	롬 4
33	2	창34	막 5	욥 1	롬 5
34	3	창35·36	막 6	욥 2	롬 6
35	4	창37	막 7	욥 3	롬 7
36	5	창38	막 8	욥 4	롬 8
37	6	창39	막 9	욥 5	롬 9
38	7	창40	막10	욥 6	롬10
39	8	창41	막11	욥 7	롬11
40	9	창42	막12	욥 8	롬12
41	10	창43	막13	욥 9	롬13
42	11	창44	막14	욥10	롬14
43	12	창45	막15	욥11	롬15
44	13	창46	막16	욥12	롬16
45	14	창47	눅1:1~38	욥13	고전1
46	15	창48	눅1:39~80	욥14	고전2
47	16	창49	눅 2	욥15	고전3
48	17	창50	눅 3	욥16·17	고전4
49	18	출 1	눅 4	욥18	고전5
50	19	출 2	눅 5	욥19	고전6
51	20	출 3	눅 6	욥20	고전7
52	21	출 4	눅 7	욥21	고전8
53	22	출 5	눅 8	욥22	고전9
54	23	출 6	눅 9	욥23	고전10
55	24	출 7	눅10	욥24	고전11
56	25	출 8	눅11	욥25·26	고전12
57	26	출 9	눅12	욥27	고전13
58	27	출10	눅13	욥28	고전14
59	28	출11·12:1~20	눅14	욥29	고전15

3월

일차	날짜	가정		개인	
60	3/1	출12:21~51	눅15	욥30	고전16
61	2	출13	눅16	욥31	고후 1
62	3	출14	눅17	욥32	고후 2
63	4	출15	눅18	욥33	고후 3
64	5	출16	눅19	욥34	고후 4
65	6	출17	눅20	욥35	고후 5
66	7	출18	눅21	욥36	고후 6
67	8	출19	눅22	욥37	고후 7
68	9	출20	눅23	욥38	고후 8
69	10	출21	눅24	욥39	고후 9
70	11	출22	요 1	욥40	고후10
71	12	출23	요 2	욥41	고후11
72	13	출24	요 3	욥42	고후12
73	14	출25	요 4	잠 1	고후13
74	15	출26	요 5	잠 2	갈 1
75	16	출27	요 6	잠 3	갈 2
76	17	출28	요 7	잠 4	갈 3
77	18	출29	요 8	잠 5	갈 4
78	19	출30	요 9	잠 6	갈 5
79	20	출31	요10	잠 7	갈 6
80	21	출32	요11	잠 8	엡 1
81	22	출33	요12	잠 9	엡 2
82	23	출34	요13	잠10	엡 3
83	24	출35	요14	잠11	엡 4
84	25	출36	요15	잠12	엡 5
85	26	출37	요16	잠13	엡 6
86	27	출38	요17	잠14	빌 1
87	28	출39	요18	잠15	빌 2
88	29	출40	요19	잠16	빌 3
89	30	레 1	요20	잠17	빌 4
90	31	레2·3	요21	잠18	골 1

4월

일차	날짜	가정		개인	
91	4/1	레 4	시1·2	잠19	골 2
92	2	레 5	시3·4	잠20	골 3
93	3	레 6	시5·6	잠21	골 4
94	4	레 7	시7·8	잠22	살전1
95	5	레 8	시 9	잠23	살전2
96	6	레 9	시10	잠24	살전3
97	7	레10	시11·12	잠25	살전4
98	8	레11·12	시13·14	잠26	살전5
99	9	레13	시15·16	잠27	살후1
100	10	레14	시17	잠28	살후2
101	11	레15	시18	잠29	살후3
102	12	레16	시19	잠30	딤전1
103	13	레17	시20·21	잠31	딤전2
104	14	레18	시22	전 1	딤전3
105	15	레19	시23·24	전 2	딤전4
106	16	레20	시25	전 3	딤전5
107	17	레21	시26·27	전 4	딤전6
108	18	레22	시28·29	전 5	딤후1
109	19	레23	시30	전 6	딤후2
110	20	레24	시31	전 7	딤후3
111	21	레25	시32	전 8	딤후4
112	22	레26	시33	전 9	딛 1
113	23	레27	시34	전10	딛 2
114	24	민 1	시35	전11	딛 3
115	25	민 2	시36	전12	몬 1
116	26	민 3	시37	아 1	히 1
117	27	민 4	시38	아 2	히 2
118	28	민 5	시39	아 3	히 3
119	29	민 6	시40·41	아 4	히 4
120	30	민 7	시42·43	아 5	히 5

5월

일차	날짜	가정		개인	
121	5/1	민 8	시44	아 6	히 6
122	2	민 9	시45	아 7	히 7
123	3	민10	시46·47	아 8	히 8
124	4	민11	시48	사 1	히 9
125	5	민12·13	시49	사 2	히10
126	6	민14	시50	사3·4	히11
127	7	민15	시51	사 5	히12
128	8	민16	시52~54	사 6	히13
129	9	민17·18	시55	사 7	약 1
130	10	민19	시56·57	사8·9:1~7	약 2
131	11	민20	시58·59	사9:8~10:4	약 3
132	12	민21	시60·61	사10:5~34	약 4
133	13	민22	시62·63	사11·12	약 5
134	14	민23	시64·65	사13	벧전1
135	15	민24	시66·67	사14	벧전2
136	16	민25	시68	사15	벧전3
137	17	민26	시69	사16	벧전4
138	18	민27	시70·71	사17·18	벧전5
139	19	민28	시72	사19·20	벧후1
140	20	민29	시73	사21	벧후2
141	21	민30	시74	사22	벧후3
142	22	민31	시75·76	사23	요일1
143	23	민32	시77	사24	요일2
144	24	민33	시78:1~37	사25	요일3
145	25	민34	시78:38~72	사26	요일4
146	26	민35	시79	사27	요일5
147	27	민36	시80	사28	요이1
148	28	신 1	시81·82	사29	요삼1
149	29	신 2	시83·84	사30	유 1
150	30	신 3	시85	사31	계 1
151	31	신 4	시86·87	사32	계 2

6월

일차	날짜	가정		개인	
152	6/1	신 5	시88	사33	계 3
153	2	신 6	시89	사34	계 4
154	3	신 7	시90	사35	계 5
155	4	신 8	시91	사36	계 6
156	5	신 9	시92·93	사37	계 7
157	6	신10	시94	사38	계 8
158	7	신11	시95·96	사39	계 9
159	8	신12	시97·98	사40	계10
160	9	신13·14	시99~101	사41	계11
161	10	신15	시102	사42	계12
162	11	신16	시103	사43	계13
163	12	신17	시104	사44	계14
164	13	신18	시105	사45	계15
165	14	신19	시106	사46	계16
166	15	신20	시107	사47	계17
167	16	신21	시108·109	사48	계18
168	17	신22	시110·111	사49	계19
169	18	신23	시112·113	사50	계20
170	19	신24	시114·115	사51	계21
171	20	신25	시116	사52	계22
172	21	신26	시117·118	사53	마 1
173	22	신27·28:1~19	시119:1~24	사54	마 2
174	23	신28:20~68	시119:25~48	사55	마 3
175	24	신29	시119:49~72	사56	마 4
176	25	신30	시119:73~96	사57	마 5
177	26	신31	시119:97~120	사58	마 6
178	27	신32	시119:121~144	사59	마 7
179	28	신33·34	시119:145~176	사60	마 8
180	29	수 1	시120~122	사61	마 9
181	30	수 2	시123~125	사62	마10

7월

일차	날짜	가정		개인	
182	7/1	수 3	시126~128	사63	마11
183	2	수 4	시129~131	사64	마12
184	3	수5·6:1~5	시132~134	사65	마13
185	4	수6:6~27	시135·136	사66	마14
186	5	수 7	시137·138	렘 1	마15
187	6	수 8	시139	렘 2	마16
188	7	수 9	시140·141	렘 3	마17
189	8	수10	시142·143	렘 4	마18
190	9	수11	시144	렘 5	마19
191	10	수12·13	시145	렘 6	마20
192	11	수14·15	시146·147	렘 7	마21
193	12	수16·17	시148	렘 8	마22
194	13	수18·19	시149·150	렘 9	마23
195	14	수20·21	행 1	렘10	마24
196	15	수22	행 2	렘11	마25
197	16	수23	행 3	렘12	마26
198	17	수24	행 4	렘13	마27
199	18	삿 1	행 5	렘14	마28
200	19	삿 2	행 6	렘15	막 1
201	20	삿 3	행 7	렘16	막 2
202	21	삿 4	행 8	렘17	막 3
203	22	삿 5	행 9	렘18	막 4
204	23	삿 6	행10	렘19	막 5
205	24	삿 7	행11	렘20	막 6
206	25	삿 8	행12	렘21	막 7
207	26	삿 9	행13	렘22	막 8
208	27	삿10·11:1~11	행14	렘23	막 9
209	28	삿11:12~40	행15	렘24	막10
210	29	삿12	행16	렘25	막11
211	30	삿13	행17	렘26	막12
212	31	삿14	행18	렘27	막13

8월

일차	날짜	가정		개인	
213	8/1	삿15	행19	렘28	막14
214	2	삿16	행20	렘29	막15
215	3	삿17	행21	렘30·31	막16
216	4	삿18	행22	렘32	시1·2
217	5	삿19	행23	렘33	시3·4
218	6	삿20	행24	렘34	시5·6
219	7	삿21	행25	렘35	시7·8
220	8	룻 1	행26	렘36·37	시 9
221	9	룻 2	행27	렘38	시10
222	10	룻3·4	행28	렘39	시11·12
223	11	삼상1	롬 1	렘40	시13·14
224	12	삼상2	롬 2	렘41	시15·16
225	13	삼상3	롬 3	렘42	시17
226	14	삼상4	롬 4	렘43	시18
227	15	삼상5·6	롬 5	렘44	시19
228	16	삼상7·8	롬 6	렘45	시20·21
229	17	삼상9	롬 7	렘46	시22
230	18	삼상10	롬 8	렘47	시23·24
231	19	삼상11	롬 9	렘48	시25
232	20	삼상12	롬10	렘49	시26·27
233	21	삼상13	롬11	렘50	시28·29
234	22	삼상14	롬12	렘51	시30
235	23	삼상15	롬13	렘52	시31
236	24	삼상16	롬14	애 1	시32
237	25	삼상17	롬15	애 2	시33
238	26	삼상18	롬16	애 3	시34
239	27	삼상19	고전1	애 4	시35
240	28	삼상20	고전2	애 5	시36
241	29	삼상21·22	고전3	겔 1	시37
242	30	삼상23	고전4	겔 2	시38
243	31	삼상24	고전5	겔 3	시39

9월

일차	날짜	가정		개인	
244	9/1	삼상25	고전 6	겔 4	시40·41
245	2	삼상26	고전 7	겔 5	시42·43
246	3	삼상27	고전 8	겔 6	시44
247	4	삼상28	고전 9	겔 7	시45·46
248	5	삼상29·30	고전10	겔 8	시47
249	6	삼상31	고전11	겔 9	시48
250	7	삼하 1	고전12	겔10	시49
251	8	삼하 2	고전13	겔11	시50
252	9	삼하 3	고전14	겔12	시51
253	10	삼하4·5	고전15	겔13	시52~54
254	11	삼하 6	고전16	겔14	시55
255	12	삼하 7	고후 1	겔15	시56·57
256	13	삼하8·9	고후 2	겔16	시58·59
257	14	삼하10	고후 3	겔17	시60·61
258	15	삼하11	고후 4	겔18	시62·63
259	16	삼하12	고후 5	겔19	시64·65
260	17	삼하13	고후 6	겔20	시66·67
261	18	삼하14	고후 7	겔21	시68
262	19	삼하15	고후 8	겔22	시69
263	20	삼하16	고후 9	겔23	시70·71
264	21	삼하17	고후10	겔24	시72
265	22	삼하18	고후11	겔25	시73
266	23	삼하19	고후12	겔26	시74
267	24	삼하20	고후13	겔27	시75·76
268	25	삼하21	갈 1	겔28	시77
269	26	삼하22	갈 2	겔29	시78:1~37
270	27	삼하23	갈 3	겔30	시78:38~72
271	28	삼하24	갈 4	겔31	시79
272	29	왕상 1	갈 5	겔32	시80
273	30	왕상 2	갈 6	겔33	시81·82

10월

일차	날짜	가정		개인	
274	10/1	왕상 3	엡 1	겔34	시83·84
275	2	왕상4·5	엡 2	겔35	시85
276	3	왕상 6	엡 3	겔36	시86
277	4	왕상 7	엡 4	겔37	시87·88
278	5	왕상 8	엡 5	겔38	시89
279	6	왕상 9	엡 6	겔39	시90
280	7	왕상10	빌 1	겔40	시91
281	8	왕상11	빌 2	겔41	시92·93
282	9	왕상12	빌 3	겔42	시94
283	10	왕상13	빌 4	겔43	시95·96
284	11	왕상14	골 1	겔44	시97·98
285	12	왕상15	골 2	겔45	시99~101
286	13	왕상16	골 3	겔46	시102
287	14	왕상17	골 4	겔47	시103
288	15	왕상18	살전 1	겔48	시104
289	16	왕상19	살전 2	단 1	시105
290	17	왕상20	살전 3	단 2	시106
291	18	왕상21	살전 4	단 3	시107
292	19	왕상22	살전 5	단 4	시108·109
293	20	왕하 1	살후 1	단 5	시110·111
294	21	왕하 2	살후 2	단 6	시112·113
295	22	왕하 3	살후 3	단 7	시114·115
296	23	왕하 4	딤전 1	단 8	시116
297	24	왕하 5	딤전 2	단 9	시117·118
298	25	왕하 6	딤전 3	단10	시119:1~24
299	26	왕하 7	딤전 4	단11	시119:25~48
300	27	왕하 8	딤전 5	단12	시119:49~72
301	28	왕하 9	딤전 6	호 1	시119:73~96
302	29	왕하10	딤후 1	호 2	시119:97~120
303	30	왕하11·12	딤후 2	호3·4	시119:121~144
304	31	왕하13	딤후 3	호5·6	시119:145~176

11월

일차	날짜	가정		개인	
305	11/1	왕하14	딤후4	호 7	시120~122
306	2	왕하15	딛 1	호 8	시123~125
307	3	왕하16	딛 2	호 9	시126~128
308	4	왕하17	딛 3	호10	시129~131
309	5	왕하18	몬 1	호11	시132~134
310	6	왕하19	히 1	호12	시135·136
311	7	왕하20	히 2	호13	시137·138
312	8	왕하21	히 3	호14	시139
313	9	왕하22	히 4	욜 1	시140·141
314	10	왕하23	히 5	욜 2	시142
315	11	왕하24	히 6	욜 3	시143
316	12	왕하25	히 7	암 1	시144
317	13	대상1·2	히 8	암 2	시145
318	14	대상3·4	히 9	암 3	시146·147
319	15	대상5·6	히10	암 4	시148·150
320	16	대상7·8	히11	암 5	눅1:1~38
321	17	대상9·10	히12	암 6	눅1:39~80
322	18	대상11·12	히13	암 7	눅 2
323	19	대상13·14	약 1	암 8	눅 3
324	20	대상15	약 2	암 9	눅 4
325	21	대상16	약 3	옵 1	눅 5
326	22	대상17	약 4	욘 1	눅 6
327	23	대상18	약 5	욘 2	눅 7
328	24	대상19·20	벧전1	욘 3	눅 8
329	25	대상21	벧전2	욘 4	눅 9
330	26	대상22	벧전3	미 1	눅10
331	27	대상23	벧전4	미 2	눅11
332	28	대상24·25	벧전5	미 3	눅12
333	29	대상26·27	벧후1	미 4	눅13
334	30	대상28	벧후2	미 5	눅14

12월

일차	날짜	가정		개인	
335	12/1	대상29	벧후3	미 6	눅15
336	2	대하 1	요일 1	미 7	눅16
337	3	대하 2	요일 2	나 1	눅17
338	4	대하3·4	요일 3	나 2	눅18
339	5	대하5·6:1~11	요일 4	나 3	눅19
340	6	대하6:12~42	요일 5	합 1	눅20
341	7	대하 7	요이 1	합 2	눅21
342	8	대하 8	요삼 1	합 3	눅22
343	9	대하 9	유 1	습 1	눅23
344	10	대하10	계 1	습 2	눅24
345	11	대하11·12	계 2	습 3	요 1
346	12	대하13	계 3	학 1	요 2
347	13	대하14·15	계 4	학 2	요 3
348	14	대하16	계 5	슥 1	요 4
349	15	대하17	계 6	슥 2	요 5
350	16	대하18	계 7	슥 3	요 6
351	17	대하19·20	계 8	슥 4	요 7
352	18	대하21	계 9	슥 5	요 8
353	19	대하22·23	계10	슥 6	요 9
354	20	대하24	계11	슥 7	요10
355	21	대하25	계12	슥 8	요11
356	22	대하26	계13	슥 9	요12
357	23	대하27·28	계14	슥10	요13
358	24	대하29	계15	슥11	요14
359	25	대하30	계16	슥12·13:1	요15
360	26	대하31	계17	슥13:2~9	요16
361	27	대하32	계18	슥14	요17
362	28	대하33	계19	말 1	요18
363	29	대하34	계20	말 2	요19
364	30	대하35	계21	말 3	요20
365	31	대하36	계22	말 4	요21

MEMO

MEMO

맥체인 1년 1독 성경읽기

맥체인 통독 맥잡기

2019년 8월 10일 초판 1쇄 발행
지 은 이 김홍양
발 행 처 선교횃불
등 록 일 1999년 9월 21일 제54호
등록주소 서울시 송파구 백제고분로 27길 12(삼전동)
전　　화 (02) 2203-2739
팩　　스 (02) 2203-2738
이 메 일 ccm2you@gmail.com
홈페이지 www.ccm2u.com